Michael Crisp (Hrsg.)

12 Schritte zur persönlichen Weiterentwicklung

- Selbstbewußtsein
- Kommunikation
- Partnerschaften
- berufliche Fähigkeiten
- Kreativität

UEBERREUTER

Die Deutsche Bibliothek – CIP-Einheitsaufnahme

12 Schritte zur persönlichen Weiterentwicklung : Selbstbewußtsein,
Kommunikation, Partnerschaften, berufliche Fähigkeiten,
Kreativität / Michael J. Crisp (Hrsg.). [Aus dem Amerikan. von
Lexikomm, konz. Fachübersetzungsbüro, Wien. Ill.: Josef Koo].
– Wien : Wirtschaftsverl. Ueberreuter, 1993
   (Manager-Magazin-Edition) (New Business Line)
   Einheitssacht.: 12 Steps to self-improvement ‹dt.›
   ISBN 3-901260-46-3
NE: Crisp, Michael J. [Hrsg.}; Zwölf Schritte zur persönlichen
   Weiterentwicklung; Twelve steps to self-improvement ‹dt.›; EST

S 0146   1 2 3 4 / 98 97 96 95

Alle Rechte vorbehalten
Aus dem Amerikanischen von Lexikomm® konz. Fachübersetzungsbüro, Wien
Originaltitel »Twelve Steps to Self-Improvement«, erschienen im Verlag Crisp Publications, Inc.,
Los Altos, Kalifornien
Copyright © 1991 by Crisp Publications, Inc.
Fachredaktion: Dr. Peter Kowar
Technische Redaktion: Dr. Andreas Zeiner
Umschlag: Beate Dorfinger
Illustrationen: Josef Koo
Typographie: Kurt Bauer
Copyright © der deutschsprachigen Ausgabe 1993 by Wirtschaftsverlag Carl Ueberreuter, Wien
Printed in Austria

Inhalt

Einleitung	5
Teil 1: Bewerten Sie sich selbst – in 12 Kategorien	7
Kategorie 1: Wie hoch ist Ihre Selbstachtung?	8
Kategorie 2: Nur wer sich wohl fühlt, ist erfolgreich	15
Kategorie 3: Beherrschen Sie die Kunst guter Kommunikation?	21
Kategorie 4: Wie steht es um Ihre zwischenmenschlichen Beziehungen?	26
Kategorie 5: Nehmen Sie sich selbst zu ernst?	31
Kategorie 6: Möchten Sie Ihre Einstellung zum Positiven hin verändern?	37
Kategorie 7: Sind Sie selbstsicher genug?	43
Kategorie 8: Sind Ihre beruflichen Fähigkeiten auf dem letzten Stand?	50
Kategorie 9: Sind Sie mit der Qualität Ihrer Arbeit zufrieden?	55
Kategorie 10: Haben Sie Berufs- und Privatleben gleichermaßen im Griff?	61
Kategorie 11: Schöpfen Sie Ihr Kreativitätspotential voll aus?	66
Kategorie 12: Zeitvergeudung – können Sie diese ungute Gewohnheit ablegen?	69
Teil 2: Erstellen Sie Ihr Persönlichkeitsprofil	77
Vier wichtige Schritte: Ihre Stärken und Ihre Schwächen bildhaft darstellen	78
Arbeitsblatt Persönlichkeitsprofil	79
Fallstudien	81
Teil 3: Werten Sie Ihr Persönlichkeitsprofil aus	85
Praktische Tips	86
Fortschritte in vernachlässigten Bereichen erzielen	89
Widmen Sie jedem Ihrer Schwachpunkte eine Woche	91
Anhang	93
Ansichten und Vorschläge des Autors zu den Fallstudien	94
Arbeitsblatt Persönlichkeitsprofil	99

Einleitung

Jeder von uns kennt Zeiten, wo persönliche Schwierigkeiten ihn dazu verleiten, seinen Enthusiasmus zu verlieren und ins Negative abzugleiten. Persönliche Probleme dieser Art treten umso häufiger und intensiver auf, je mehr Firmen und Institutionen durch äußeren Druck, durch heimische oder internationale Konkurrenz und/oder Wirtschaftsrückgänge gezwungen sind, den Gürtel enger zu schnallen. Gerade in solchen Zeiten können jedoch nur jene Firmen überleben, deren Managern es gelingt, die Angestellten zu größtmöglicher Produktivität zu motivieren.

Die Briten haben eine Redewendung, die besagt: »Ich fahre auf Urlaub, um mit mir ins reine zu kommen.« Jeder von uns hat von Zeit zu Zeit das Bedürfnis, sich zurückzuziehen und sein Leben im allgemeinen wie auch in beruflicher Hinsicht neu zu überdenken. Manche Leute nehmen sich ein paar Tage frei, um Zeit zur Neuorientierung zu finden. Anderen genügt vielleicht ein Wochenende daheim. Wieder andere gewinnen Abstand vom Alltag, indem sie einen Ausflug ins Grüne machen.

In solchen Phasen der inneren Erneuerung mag Ihnen vielleicht der Vergleich mit einer Autobatterie helfen, die immer wieder neu aufgeladen werden muß, wenn sie viel Energie verbraucht hat. Betrachten Sie das vorliegende Buch gleichsam als »Ladegerät«. Eine Bestandsaufnahme Ihrer Persönlichkeit (Persönlichkeitsprofil) wird Ihnen zeigen, wie gut Sie das Aufladen Ihrer Batterie beherrschen.

Lassen Sie mich bitte noch einen weiteren Gedanken einbringen:

Was halten Sie davon, alles über Bord zu werfen, was Sie in Ihrem bisherigen Leben nur taten, weil »es eben so üblich ist«? Stellen Sie sich statt dessen neuen, anspruchsvolleren Herausforderungen, die Ihnen mehr Erfolg für Ihre persönliche Zukunft versprechen.

Dies wäre ein überaus weiser Entschluß ...

Möge das vorliegende Buch Ihnen zahlreiche Anregungen bieten!

Michael J. Crisp

Michael J. Crisp
Herausgeber

Einleitung

- »Wenn der Alltag schwierig wird, wird das Schwierige zur Alltäglichkeit.«

Cher
(und andere)

Teil 1:
Bewerten Sie sich selbst – in 12 Kategorien

Kategorie 1: Wie hoch ist Ihre Selbstachtung?

1.1.1 Was ist Selbstachtung eigentlich?

Selbstachtung ist die Perspektive, aus der Sie sich selbst betrachten. Wenn Sie sich selbst geringer einschätzen als andere Menschen oder in alltäglichen Dingen wenig zutrauen, so ist Ihre Selbstachtung zu niedrig. Wenn Sie andererseits viel Selbstvertrauen ausstrahlen und sich selbst in den meisten Situationen als kompetent und tüchtig ansehen, so ist Ihre Selbstachtung zweifellos hoch. Und solche Leute werden bei der Vergabe von Führungspositionen häufig bevorzugt.

Selbstachtung kann auch mit Selbstwert übersetzt werden. Wenn Sie Ihre eigene Person als besonders wertvoll ansehen, so schätzen Sie Ihre Begabungen und Fähigkeiten und haben das nötige Selbstvertrauen, daß Sie im Leben etwas erreichen können. Haben Sie eine hohe Selbstachtung, so scheuen Sie auch vor echten Herausforderungen nicht zurück. Sie sind einfach gut!

Bildung kann Menschen zu einem höheren Selbstwertgefühl verhelfen. Wer einen Universitätsabschluß vorweisen kann, legt häufig mehr Selbstwertgefühl an den Tag als jemand ohne höhere Bildung. _Das heißt jedoch nicht, daß es nicht auch zahlreiche Gegenbeispiele gibt._ Gerade Menschen ohne höhere Bildung schaffen es oft, sich durch Erfahrung und persönliche Weiterentwicklung ein höheres Selbstwertgefühl zu erarbeiten als manche andere, die einen akademischen Grad in der Tasche haben.

Wer ein hohes Maß an Selbstachtung besitzt, strahlt innere Ausgeglichenheit und Selbstsicherheit aus, was sich wiederum in einer positiven und optimistischen Lebenseinstellung bemerkbar macht. Sich selbst einfach toll zu finden, ist an und für sich eine gute Sache – nur sollte man nicht auf das entsprechende Einfühlungsvermögen im Umgang mit anderen Menschen vergessen.

Selbstachtung ist eine sehr wertvolle Eigenschaft, sofern sie auch eine gewisse Bescheidenheit inkludiert.

⇒ Kategorie 1: Wie hoch ist Ihre Selbstachtung?

1.1.2 Wie hoch ist Ihre Selbstachtung?

Anleitung: Kennzeichnen Sie jede Aussage entweder mit »R« (richtig) oder mit »F« (falsch) – je nachdem, ob Sie sich damit identifizieren können oder nicht.

                           R   F

1. Ich habe das Gefühl, daß ich meinen beruflichen Erfolg nicht wirklich verdient habe, sondern glücklichen Umständen verdanke __ ○ _ ○

2. Oft ertappe ich mich bei dem Gedanken: »Warum bin ich nicht erfolgreicher im Leben?« _____ ○ _ ○

3. Ich glaube nicht, daß ich bisher meine Fähigkeiten voll ausgeschöpft habe _____ ○ _ ○

4. Ich sehe es als persönliches Versagen an, wenn ich meine Ziele nicht erreiche _____ ○ _ ○

5. Wenn andere nett zu mir sind, kommt mir das oft verdächtig vor _____ ○ _ ○

6. Wenn ich anderen Menschen für besondere Fähigkeiten oder Leistungen Komplimente mache, fühle ich mich unwohl _____ ○ _ ○

7. Es ist schwer für mich, zusehen zu müssen, wie manche Kollegen befördert werden – denn ich meine, daß es mir viel eher zustünde __ ○ _ ○

8. Ich vertrete nicht unbedingt die Auffassung, daß mein Denken einen direkten Einfluß auf mein körperliches Wohlbefinden hat ____ ○ _ ○

9. Manchmal läuft alles in meinem Leben richtig gut. Dann ahne ich bereits, daß diese Phase nicht lange anhalten wird _____ ○ _ ○

10. Es ist mir sehr wichtig, was andere über mich denken _____ ○ _ ○

11. Ich möchte auf meine Vorgesetzten einen guten Eindruck machen __ ○ _ ○

12. Es fällt mir schwer, zu meinen Fehlern zu stehen _____ ○ _ ○

13. Es liegt mir einfach nicht, immer zu sagen, was ich mir denke _____ ○ _ ○

Bewerten Sie sich selbst – in 12 Kategorien

■➡ **Kategorie 1: Wie hoch ist Ihre Selbstachtung?**

	R	F
14. Es fällt mir schwer, mich für etwas zu entschuldigen	○	○
15. Veränderungen in meinem Beruf kann ich nur schrittweise akzeptieren, da sie bei mir undefinierbare Ängste hervorrufen	○	○
16. Aufgaben aufzuschieben und Zeit zu vergeuden ist fixer Bestandteil meines Arbeitsalltages	○	○
17. Oft ertappe ich mich bei dem Gedanken: »Wozu soll ich es überhaupt versuchen, ich schaffe es ja doch nicht.«	○	○
18. Wenn mein Chef mich lobt, so schenke ich ihm für gewöhnlich keinen Glauben	○	○
19. Ich glaube nicht, daß es meinen Kollegen gefällt, wenn ich mich beruflich weiterbilde und Aufstiegschancen wahrnehme	○	○
20. Ich gehe all jenen aus dem Weg, von denen ich glaube, daß sie mich nicht leiden können	○	○
21. Meine Lebenseinstellung könnte besser sein	○	○
22. Wenn ich ehrlich bin, mache ich meist meine Eltern dafür verantwortlich, wie sich mein Leben entwickelt hat	○	○
23. Es fällt mir schwer, das Gute im anderen zu sehen	○	○
24. Ich glaube nicht, daß Menschen ihre innere Haltung verändern können	○	○
25. Ich kann einfach nicht glauben, daß ein Selbsthilfebuch mein Selbstwertgefühl in irgendeiner Weise beeinflussen könnte	○	○

Nun addieren Sie bitte, wie oft Sie mit »richtig« und wie oft Sie mit »falsch« geantwortet haben:

richtig: _____   falsch: _____

⇒ *Kategorie 1: Wie hoch ist Ihre Selbstachtung?*

Wenn Sie sich mit mehr als der Hälfte aller Aussagen identifiziert haben, so wäre es höchste Zeit, Ihr Leben neu zu überdenken. Vielleicht möchten Sie auch eine kompetente Person zu Rate ziehen. Versuchen Sie sich bewußtzumachen, woher Ihre Minderwertigkeitsgefühle stammen.

Haben Sie mehrheitlich mit »falsch« geantwortet, so ist Ihr Selbstwertgefühl offensichtlich in Ordnung. Sie steuern Ihr Lebensschiff bewußt in Richtung Erfolg und Erfüllung.

Auf der folgenden Seite finden Sie zwei Fallstudien zum Thema »Selbstwert«. Lesen Sie sie bitte sorgfältig, und vergleichen Sie Ihre eigenen Gedanken und Vorschläge mit jenen des Autors.

➠ Kategorie 1: Wie hoch ist Ihre Selbstachtung?

1.1.3 Fallstudien

Fallstudie Nr. 1

Julia schätzt ihre eigenen Fähigkeiten und ihr äußeres Erscheinungsbild stets zu gering ein. Aus irgendeinem Grund findet sie sich selbst nicht gut – obgleich sie auf andere Menschen durchaus einen guten Eindruck macht. Müßte Julia auf einer Skala von 1 bis 10 angeben, inwieweit sie mit ihrem Selbstbild zufrieden ist, so würde sie die Zahl 3 oder 4 wählen.

Diese niedrige Selbsteinschätzung geht zum Teil auf Julias feste Überzeugung zurück, daß bereits ihre Eltern ihr nie viel zugetraut hätten – ganz im Gegensatz zu ihrer älteren Schwester, die in der Schule stets zu den Besten gezählt hatte. Ein weiterer Grund für dieses Gefühl der Minderwertigkeit liegt darin, daß Julia Probleme am Arbeitsplatz sowie im familiären Bereich nie austrägt. Anstatt den anderen ihre wahren Gefühle und Gedanken zu vermitteln, zieht sie sich zurück, sobald sich ein Konflikt abzuzeichnen beginnt.

Julia ist seit ihrem Schulabschluß bei der gleichen Firma beschäftigt, und zwar in einer Position, die ihren Fähigkeiten und Begabungen bei weitem nicht gerecht wird. Wenn sie nur mehr Selbstachtung besäße, wäre ihr in den vergangenen drei Jahren mehrmals die Chance auf eine Beförderung offengestanden.

Nehmen wir nun einmal an, Sie stünden in engem persönlichem Kontakt zu Julia. Wie würden Sie ihr helfen, sich ein höheres Maß an Selbstachtung zu erarbeiten?

_____

_____

_____

_____

Fallstudie Nr. 2

Peter ist ein allseits anerkannter und kompetenter Mitarbeiter seiner Firma. Er arbeitet stets produktiv, fehlt nur selten und kann gut mit anderen zusammenarbeiten. Peter macht oft Überstunden, da viele Kollegen ihn während seiner normalen Arbeitszeit um Hilfe bitten und ihn von seinen eigentlichen Aufgaben abhalten. Sein äußeres Erscheinungsbild ist eher konservativ.

Peter hofft darauf, eines Tages in eine leitende Position vorrücken zu können, möchte sich selbst jedoch nicht als »Führungspersönlichkeit« bezeichnen. Obwohl

➥ *Kategorie 1: Wie hoch ist Ihre Selbstachtung?*

andere ihn oft als »Softie« bezeichnen, kann er in wichtigen Angelegenheiten durchaus einen festen Standpunkt vertreten. Peter hat einen Universitätsabschluß – er ist Magister der Sozialwissenschaften – und besucht derzeit Abendkurse, um sich auf sein Doktorat vorzubereiten.

Was seine Selbstachtung betrifft, so würde Peter sich auf der Skala von 1 bis 10 ungefähr bei 5 einordnen. Er erkennt selbst, daß er anderen Menschen gegenüber mehr positive Ausstrahlung und mehr Selbstsicherheit zeigen sollte. Vorläufig gibt er sich aber zufrieden mit seiner Rolle des »gerngesehenen Kollegen«. Soziale Akzeptanz ist ihm derzeit wichtiger als ein Karrieresprung.

Wenn Peter nun zu Ihnen käme, um sich Tips zur Steigerung seines Selbstwertgefühls zu holen – was könnten Sie ihm raten?

_____

_____

_____

_____

Lesen Sie hierzu bitte Seite 94 bis 98, und vergleichen Sie Ihre Vorschläge mit jenen des Autors.

1.1.4 Skala zur Persönlichkeits-Bestandsaufnahme

Und nun ist die Reihe an Ihnen, Ihr Selbstwertgefühl auf einer Skala einzuordnen. Für alle 12 in diesem Buch behandelten Kategorien werden Sie die gleiche Skala finden. Bitte halten Sie sich dabei genau an die folgenden Anleitungen.

Geben Sie bitte auf einer Skala von 1 bis 10 an, wie hoch Sie Ihre *Selbstachtung* einschätzen, indem Sie die entsprechende Zahl einkreisen (bitte seien Sie dabei so aufrichtig wie möglich).

Wenn Sie die Zahl 1, 2 oder 3 wählen, dann bedeutet das, daß Sie sich noch entscheidend steigern müssen, um Ihr wahres Potential zu erreichen.

Entscheiden Sie sich für eine Zahl zwischen 4 und 7, so bedeutet das, daß Sie sich noch beträchtlich steigern müssen, um ihr wahres Potential zu erreichen.

Geben Sie die Zahl 8, 9 oder 10 an, signalisieren Sie, daß Sie sich nur wenig oder gar nicht steigern müssen, um Ihr wahres Potential zu erreichen.

Bitte seien Sie ehrlich zu sich selbst. Bedenken Sie auch, daß die Zahlen in der Mitte der Skala tatsächlich »Durchschnittswerte« sind. Die meisten Leute stufen sich

⟹ Kategorie 1: Wie hoch ist Ihre Selbstachtung?

selbst irgendwo in der Mitte ein. Nehmen Sie sich deshalb etwas Zeit, um Ihre Wertung bewußt zu überdenken. Wenn Sie später auf Seite 94 bis 98 dieses Buches Ihr ganz individuelles Persönlichkeitsprofil erarbeiten, so werden Wertungen wie die vorliegende für die Qualität Ihrer persönlichen Erkenntnisse ausschlaggebend sein.

Skala zur Persönlichkeits-Bestandsaufnahme: »Selbstachtung«
niedrig   hoch
1   2   3   4   5   6   7   8   9   10

14　　　　　　　　　　　　　Bewerten Sie sich selbst – in 12 Kategorien

Kategorie 2: Nur wer sich wohl fühlt, ist erfolgreich

1.2.1 Sich wohl fühlen – eine Definition

Verblüffend ist, daß jeder Mensch für gewöhnlich selbst sehr genau weiß, wann er sich wohl fühlt und wann nicht. Wenn es Ihnen gutgeht, so strahlen Sie Vitalität und Selbstvertrauen aus. Sie stehen in Einklang mit Ihrer Umgebung. Ihr Energiepotential ist hoch. Geht es Ihnen hingegen nicht gut, so fühlen Sie sich müde, schlapp, erschöpft. Rein gar nichts scheint zu funktionieren.

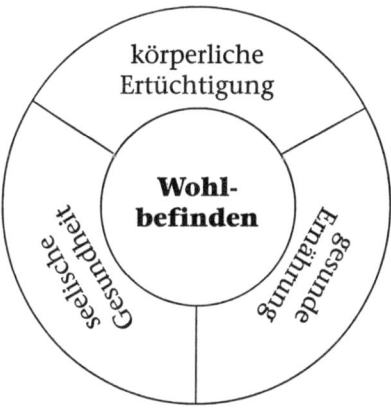

Dieses Diagramm veranschaulicht die drei Hauptfaktoren unseres Wohlbefindens.

Körperliche Ertüchtigung
Den meisten Menschen ist klar, daß Fitneß große Vorteile bringt. Wer regelmäßig Sport betreibt, registriert nicht nur, daß er sich nach körperlicher Anstrengung stets besonders wohl fühlt, sondern auch, daß sein Körper langfristig gesehen stärker und widerstandsfähiger wird.

Gesunde Ernährung
Hochwertige Nahrungsmittel sind von großer Bedeutung. Eine gesunde Ernährung versorgt nicht nur den Körper mit den nötigen Vitaminen und Spurenelementen, sondern hilft auch, das Gewicht zu »normalisieren«. Das Beste, was man tun kann, ist daher, regelmäßigen Sport mit gesunder Ernährung zu kombinieren. Zweifellos erfordert es Zeit, Aufwand und manchmal auch Unterstützung seitens Außenstehender, um sich auf Dauer einen gesunden Lebensstil anzugewöhnen.

Seelische Gesundheit
Obgleich Bewegung und Ernährung die Hauptquellen unseres Wohlbefindens sind,

➠ Kategorie 2: Nur wer sich wohl fühlt, ist erfolgreich

müssen beide aus der Perspektive der seelischen Gesundheit betrachtet werden. Jeder der drei Faktoren beeinflußt die beiden anderen, und erst die Kombination aller drei ermöglicht, daß ein Mensch sich richtig wohl fühlt.

Echtes Wohlbefinden ist also ein ganzheitliches Konzept – es besagt, daß die Summe (Wohlbefinden) größer sein kann als die drei beitragenden Faktoren. Verwebt man alle drei Elemente zu einem Stoff, so erhält man die ideale Grundlage für beruflichen Erfolg. Ohne entsprechendes Wohlbefinden werden Sie Ihre persönlichen Ziele und Träume wohl nie verwirklichen können.

1.2.2 Körper und Seele bilden eine Einheit

Bisher ist es noch niemandem gelungen, Beweise für den Einfluß unseres körperlichen Wohlbefindens auf unsere innere Haltung und umgekehrt zu bringen. Die meisten Menschen, darunter auch höchst kritische Forscher auf diesem Gebiet, räumen jedoch ein, daß hier ein gewisser Zusammenhang bestehen muß. Bitte beantworten Sie die folgenden Fragen, und vergleichen Sie Ihre Antworten mit jenen des Autors.

	R	F
1. Wenn Sie Sport betreiben, so hat dies die gleiche oder sogar noch eine stärkere positive Wirkung auf Ihre innere Haltung als ein gemütlicher Abend mit Freunden	O	O
2. Sich gesund zu ernähren steht in keinerlei Zusammenhang mit der Steigerung des Selbstbildes	O	O
3. Je besser Ihre momentane körperliche Verfassung, desto positiver wird auch Ihre momentane innere Haltung sein	O	O
4. Weder körperliches Wohlbefinden noch eine positive Einstellung sind ein Dauerzustand, der ohne unser Zutun anhält	O	O
5. Tägliche Bewegung trägt nur wenig zu einer positiven Einstellung bei	O	O

Antworten des Autors:

1. R (beides wird Ihre Einstellung verändern, aber Sport ist gesünder und von längerer Wirkung); 2. F; 3. R; 4. R; 5. F (tägliche körperliche Ertüchtigung ist ein hervorragendes Mittel zur Steigerung einer positiven Grundhaltung).

▶ Kategorie 2: Nur wer sich wohl fühlt, ist erfolgreich

1.2.3 Typische Aussagen über das Wohlbefinden

Unsere Gesellschaft ist sich heute in größerem Maße als je zuvor bewußt, wie wichtig körperliche Fitneß ist. Erstaunlich viele Menschen haben Sport und Bewegung zu einem fixen Bestandteil ihres Tagesablaufes gemacht. Die folgenden Aussprüche zeigen, wie viele Menschen davon überzeugt sind, daß unser körperlicher Zustand mit unserem mentalen Zustand in engem Zusammenhang steht.

»Wenn ich mich beim Sport verausgabe, so hat das auf meine Seele eine gleichermaßen positive Wirkung wie auf meinen Körper.«

»Gymnastische Übungen bringen meinen Körper auf Vordermann – und meine Einstellung ebenso.«

»Ich weiß wirklich zu schätzen, welchen Wert das tägliche Training für meine seelische Verfassung hat.«

Viele sportbegeisterte Menschen vertrauen darauf, daß körperliches Training ihnen hilft, nicht in den negativen Bereich abzugleiten.

»Ich habe meinen Fitneßklub umbenannt – er heißt jetzt ›Klub der positiven Einstellung‹.«

»Wenn ich Sorgen habe oder deprimiert bin, mache ich einen langen Spaziergang. Das hilft mir, die negativen Gedanken aus meinem Kopf zu verdrängen.«

»Wenn ich mich körperlich so richtig verausgabe, hilft mir das, seelische Krisen zu überwinden.«

Keine Gruppe unserer Gesellschaft beschäftigt sich mehr mit den psychologischen Aspekten einer guten Einstellung als Profisportler. Immer mehr Sportler halten sich das ganze Jahr über streng an ein ausgeklügeltes Programm zur Konditionssteigerung. Sie sind sich dessen bewußt, daß sie in Form bleiben müssen, um mit der Konkurrenz Schritt halten zu können. Wenn Sie einmal genau hinhören, so werden Sie bemerken, daß Trainer und Manager das Wort »Einstellung« vielleicht sogar öfter in den Mund nehmen als das Wort »körperliche Kondition«.

»Dieses Jahr haben wir die Ausscheidung gewonnen, weil unser Team eine großartige Einstellung hat.«

➡ Kategorie 2: Nur wer sich wohl fühlt, ist erfolgreich

> *»In dieser Saison verdanke ich den großen Erfolg meinem Trainer. Er half mir nicht nur, die richtige Technik zu finden, sondern – was noch wichtiger war – auch die richtige Einstellung!«*

> *»Mein diesjähriger Erfolg erklärt sich aus meinem gesteigerten Selbstvertrauen. Ich habe endlich begonnen, an mich selbst zu glauben.«*

So wichtig Talent und der richtige Körperbau auch sein mögen, die meisten Sportler, Spieler, Trainer und Sportberichterstatter bezeichnen die innere Haltung als wichtigste Voraussetzung für sportlichen Erfolg.

Ob sie uns damit etwas sagen wollen?

1.2.4 Fallstudien

Fallstudie Nr. 3

Gerda ist Ihre liebste Kollegin. Sie ist Ihnen zu einer echten Freundin geworden. Gerda ist produktiv, effizient und pflegt sowohl am Arbeitsplatz als auch im Privatleben sehr gute Beziehungen zu anderen. Dennoch hat Gerda Probleme mit ihrem Selbstbild, die in erster Linie auf ihr Übergewicht zurückzuführen sind.

Gerda probiert ständig neue Diäten aus. Manchmal hat sie damit Erfolg und verliert ein wenig an Gewicht. Dann ist Gerda wie ausgewechselt: in bester Stimmung, produktiv und kreativ. Jedesmal bricht Gerda ihre Diät aber nach einer Weile ab und erreicht bald wieder ihr ursprüngliches Gewicht. Dann folgt eine negative Phase: Gerda verfällt in depressive Stimmungen, zieht sich zurück und ist auch am Arbeitsplatz höchst unproduktiv.

Gerda erkennt das ewige Auf und Ab ihrer Diätbemühungen und kommt zu Ihnen, um Sie um Ihren Rat zu bitten. Welche Vorgangsweise könnten Sie ihr empfehlen?

_____

_____

_____

_____

➡ Kategorie 2: Nur wer sich wohl fühlt, ist erfolgreich

Fallstudie Nr. 4

Susanne macht sich Sorgen um ihren Mann – und zwar aus zweierlei Gründen. Erstens übertreibt Karl bei jeder Freizeitaktivität, die ihm Spaß macht (Laufen, Radfahren, Windsurfen), und leidet in der Folge an ernstlicher Erschöpfung. Manchmal dauert es zwei oder drei Tage, bis er wieder richtig zu Kräften kommt und sein Energiehaushalt sich wieder stabilisiert. Und zweitens legt er einen extremen Ehrgeiz an den Tag: kann er von Zeit zu Zeit bei einem sportlichen Wettkampf einen Erfolg verbuchen, feiert er ihn so ausgiebig mit seinen Freunden, daß es ihm seine letzten Energien raubt.

Susanne hat nicht den Eindruck, daß Karl versteht, was der Begriff »Wohlbefinden« eigentlich bedeutet, und sie befürchtet, daß er seine Gesundheit langfristig gesehen aufs Spiel setzt. Sie hat schon oft vergeblich versucht, mit Karl über »Mäßigung« und »Sport ohne Übertreibung« zu reden, und ist bereits nahe daran, zu resignieren.

Wie könnte Susanne Karl vor seinen sportlichen Exzessen bewahren?

_____

_____

_____

_____

Bitte lesen Sie die Meinung des Autors hierzu auf Seite 94 bis 98.

1.2.5 Skala zur Persönlichkeits-Bestandsaufnahme

Nun ist die Reihe an Ihnen, den Grad Ihres Wohlbefindens im Zeitraum des letzten Jahres zu beurteilen. Berücksichtigen Sie hierbei bitte folgende Faktoren:

- Welche Sportarten üben Sie regelmäßig aus?
- An welches Ernährungsprogramm haben Sie sich im vergangenen Jahr gehalten?
- Konsumieren Sie Tabak, Alkohol oder Drogen?
- Haben Sie Ihr Wunschgewicht, und können Sie es auch halten?
- Gehen Sie erfolgreich mit Streß um?
- Schaffen Sie es, Ihre Freizeit zu genießen und ausreichend Schlaf zu bekommen?
- Gelingt es Ihnen, Ihr Leben »in der richtigen Balance« zu halten?

Bewerten Sie sich selbst – in 12 Kategorien

⇒ Kategorie 2: Nur wer sich wohl fühlt, ist erfolgreich

Geben Sie sich nur dann eine »gute Note«, wenn Sie es wirklich verdienen.

Skala zur Persönlichkeits-Bestandsaufnahme: »Wohlbefinden«

niedrig	hoch

```
1    2    3    4    5    6    7    8    9    10
+----+----+----+----+----+----+----+----+----+
```

Kategorie 3: Beherrschen Sie die Kunst guter Kommunikation?

1.3.1 Die Kunst guter Kommunikation

Es gibt bereits Hunderte von ausgezeichneten Büchern, die die verschiedensten Aspekte von Kommunikation behandeln. Manche Autoren legen den inhaltlichen Schwerpunkt auf zwischenmenschliche Kommunikation, andere befassen sich hauptsächlich mit der Dynamik von Gruppenkommunikation, und wieder andere durchleuchten den Kommunikationsfluß in Firmen und ähnlichen Institutionen. Einige Bücher sind auf Rhetorik oder Vortragstechnik spezialisiert.

Es ist zweifellos schwierig, die Kunst guter Kommunikation perfekt zu beherrschen. Für die meisten Menschen ergibt sich tagtäglich unzählige Male die Notwendigkeit, andere umfassend und ohne Mißverständnisse zu informieren. »Die anderen« – das sind Kollegen, Vorgesetzte, Familienmitglieder und Freunde. Keine leichte Aufgabe!

Wer die Kunst guter Kommunikation beherrscht, hat keine Probleme damit, die Dinge beim Namen zu nennen. Er kann seine Gedanken und Gefühle in Worte fassen. Wichtige Informationen werden seinen Mitmenschen nicht vorenthalten; allfällige Mißverständnisse werden umgehend aufgeklärt. Und was vielleicht am wichtigsten ist: wer gut kommunizieren kann, der versteht auch etwas vom richtigen Zuhören. Er ist sich darüber im klaren, daß man seine Mitmenschen stets soweit informieren muß, damit sie sich nicht ausgeschlossen, sondern involviert fühlen. Er akzeptiert die Tatsache, daß gute Kommunikation die Grundvoraussetzung, gleichsam das Lebenselixier zwischenmenschlicher Beziehungen ist. Wer also mit seinen Mitmenschen wirklich gut auskommen möchte, muß die Kunst beherrschen, effektiv mit ihnen zu kommunizieren.

Generell gilt folgendes:

- Ruhige, zurückhaltende, introvertierte Menschen ziehen sich oft in ihr Schneckenhaus zurück, wodurch ein Kommunikationsdefizit entsteht. Sie werden von anderen oft falsch eingeschätzt – dabei haben sie meist eine Menge verborgener Qualitäten.

- Gesprächige, selbstsichere, extrovertierte Menschen tendieren dazu, zu viel zu reden und zu dominieren. Dadurch geraten sie manchmal in Gefahr, andere mit einer unbedachten Äußerung zu verletzen.

Wer ein Meister auf dem Gebiet der Kommunikation ist, der versteht es, seinen Mitmenschen auf einfühlsame Art zu informieren, ohne dem persönlichen Verhältnis einen Schaden zuzufügen. Bitte blättern Sie zur nächsten Seite, um zu

⇒ *Kategorie 3: Beherrschen Sie die Kunst guter Kommunikation?*

erfahren, warum gute Kommunikation mit der Kunst des richtigen Zuhörens untrennbar verbunden ist.

1.3.2 Gute Kommunikation setzt richtiges Zuhören voraus

Wenn Sie abschätzen wollen, wie weit Ihre Kommunikationsfähigkeit fortgeschritten ist, so überlegen Sie bitte, wie es um Ihre Fähigkeiten beim Zuhören steht. Die meisten von uns schöpfen ihr Potential beim Zuhören nur zu 25% aus. Wie würden Ihre besten Freunde Sie einschätzen? Ihr Chef? Ihre Familie? Gibt es Leute, die Ihnen empfehlen würden, weniger zu reden und statt dessen mehr zuzuhören?

Im folgenden finden Sie einige Vorschläge, wie Sie die Kunst des Zuhörens immer besser erlernen können. Kreuzen Sie jene an, die Ihnen persönlich weiterhelfen können.

... anderen Leuten durch Augenkontakt und durch Körpersprache meine Aufmerksamkeit signalisieren _____ ○

... im Gespräch mit anderen entspannt sein, damit sie aus sich herausgehen und sich öffnen _____ ○

... meine eigenen Gedanken ein wenig einbremsen, um zu vermeiden, daß ich alles, was mein Gegenüber sagen will, schon im voraus weiß _____ ○

... mich in Gesprächen immer besser konzentrieren _____ ○

... mir eine Antwort verkneifen, solange der andere noch nicht ausgeredet hat _____ ○

... in Gesprächen nicht ständig meine eigenen Ansichten verteidigen _____ ○

... stets mit ruhiger, angenehmer Stimme sprechen anstatt laut und aggressiv zu werden _____ ○

➡ Kategorie 3: Beherrschen Sie die Kunst guter Kommunikation?

1.3.3 Fallstudien

Fallstudie Nr. 5

Vor mehr als drei Jahren machte Konrad eine unangenehme Erfahrung: die unbedachte Äußerung eines Vorgesetzten verletzte ihn so tief, daß er sie bis heute nicht verwinden konnte. Er meidet daher so weit als möglich den Kontakt zu dem Betreffenden und versucht, seine Gefühle nicht zum Ausbruch kommen zu lassen. Konrad muß nun erkennen, daß seine fehlende Bereitschaft zur offenen Kommunikation seine Karrierechancen zerstört und seine Einstellung am Arbeitsplatz zu einer äußerst negativen geworden ist.
  Inwieweit geben Sie Konrad selbst die Schuld an dieser Entwicklung?

_____

_____

_____

_____

Fallstudie Nr. 6

Melissa arbeitet als Krankenschwester. Ihre Stationskolleg(inn)en nennen sie heimlich »Schwester Schüchtern«. In ihrer Familie (sie stammt aus Spanien) lernte Melissa von klein auf, sich unterwürfig zu verhalten und nur bei ganz besonderen Anlässen das Wort zu ergreifen. Obwohl Melissa das College mit gutem Erfolg absolviert hat und als äußerst tüchtige Krankenschwester gilt, spricht sie deutlich mehr mit ihren Patienten als mit ihren Kollegen und Kolleginnen.
  In mancherlei Hinsicht ist Melissa wohl eine ideale Krankenschwester. Sie hält sich an die Regeln, sie erscheint stets pünktlich, sie beklagt sich nie, und sie unterstützt die Vorschläge der anderen – obgleich sie selbst so gut wie nie ihre Meinung einbringt. Dies ist insofern problematisch, als Melissa von anderen oft falsch eingeschätzt wird. Manche glauben, sie käme sich besser vor als die anderen Schwestern ihrer Station. Andere haben das Gefühl, Melissa könne sie nicht leiden. Und Schwester Melissas Vorgesetzte loben zwar ihre hervorragende fachliche Qualifikation, beklagen sich jedoch im selben Atemzug über ihre mangelnde Fähigkeit zu guter Teamarbeit.

➡ Kategorie 3: Beherrschen Sie die Kunst guter Kommunikation?

Stellen Sie sich nun bitte vor, Sie wären Oberschwester auf Melissas Station und führten ein offenes Gespräch mit ihr: welche Ratschläge könnten Melissa Ihrer Meinung nach weiterhelfen?

_____

_____

_____

_____

Bitte vergleichen Sie Ihre Antworten mit jenen des Autors auf Seite 94 bis 98.

1.3.4 Bewerten Sie Ihre Fähigkeit zur effektiven Kommunikation

Sie haben bereits Wertungen im Hinblick auf Ihre Selbstachtung und Ihr persönliches Wohlbefinden abgegeben. Nun sollen Sie Ihre Fähigkeit zur effektiven Kommunikation einschätzen. Vielleicht halten Sie diese Kategorie für die schwierigste von allen. Bitte lassen Sie sich Zeit, und setzen Sie sich intensiv mit den folgenden Fragen auseinander, bevor Sie jene Zahl einkreisen, die Ihrer Meinung nach zutrifft (bitte seien Sie dabei so aufrichtig wie möglich).

- Hören Ihre Mitmenschen Ihnen zu?
- Erhalten Sie manchmal ein Lob für Ihre Fähigkeiten im Gespräch bzw. beim Zuhören?
- Sind Sie oft zurückhaltend, obwohl Sie wissen, daß Sie einen wertvollen Gesprächsbeitrag leisten könnten?
- Ergreifen Sie ab und zu die Initiative zu einem Gespräch?
- Können Sie gelassen bleiben, wenn Sie mit einem Vorgesetzten ein heikles Thema besprechen?
- Wäre es möglich, daß Sie Experte auf dem Gebiet der »Telefonkommunikation« sind?
- Reden Sie andere Menschen manchmal »an die Wand«?
- Sprechen Sie zu laut? Oder vielleicht zu leise?

➠ Kategorie 3: Beherrschen Sie die Kunst guter Kommunikation?

Skala zur Persönlichkeits-Bestandsaufnahme: »Kommunikation«

niedrig	hoch

1	2	3	4	5	6	7	8	9	10

Kategorie 4: Wie steht es um Ihre zwischenmenschlichen Beziehungen?

1.4.1 Positiv bleiben – auch unter widrigen Umständen

Wie positiv oder negativ ist die Atmosphäre an Ihrem Arbeitsplatz? Gibt es Mitarbeiter, die unaufhörlich persönliche Konflikte mit dem Chef auszutragen haben? Gibt es Kollegen, die anderen absichtlich aus dem Weg gehen? Existiert eine Clique unverbesserlicher Nörgler, die den anderen durch ihre ständige Mißstimmung das Leben schwermachen?

Es gibt Firmen bzw. Abteilungen, wo eine merklich positivere Atmosphäre herrscht als anderswo. Oft liegt dies am jeweiligen Chef, Vorgesetzten bzw. Abteilungsleiter. Ein gutes Arbeitsklima ist oft das erfreuliche Resultat einer Kombination verschiedener Faktoren, die teilweise nicht richtig greifbar sind und auch nicht bewußt gelenkt werden können. Es ist aber Tatsache, daß die Hauptursache für ein schlechtes Arbeitsklima und niedrige Produktivität in Beziehungskonflikten zu suchen ist, die in den allermeisten Fällen durchaus zu vermeiden wären.

Mit negativ denkenden Kollegen zusammenzuarbeiten und dabei seine eigene positive Einstellung zu bewahren, ist keine leichte Aufgabe. Dennoch muß sich jeder von uns diesem Problem früher oder später stellen. Gleichgültig, wie das Arbeitsklima an Ihrem Arbeitsplatz sein mag – wenn Sie Ihre beruflichen Ziele erreichen möchten, müssen Sie in dreifacher Hinsicht an guten zwischenmenschlichen Beziehungen arbeiten:

- Sie müssen lernen, mit negativ denkenden Leuten umzugehen, ohne sich von ihnen anstecken zu lassen.
- Sie sollten so weit als möglich gesunde Beziehungen pflegen – vor allem zu Ihrem Vorgesetzten.
- Wenn in der Beziehung zu einer bestimmten Person Probleme auftreten, sollten Sie diese so rasch als möglich ausräumen.

Die Hauptgründe, warum ein gutes Verhältnis zu Kollegen und Vorgesetzten für Ihr berufliches Vorwärtskommen sehr wichtig ist:

- Wenn Sie ein gutes Verhältnis zu Ihren Kollegen haben, können Sie einerseits persönlich produktiver arbeiten und andererseits eine gute Zusammenarbeit forcieren, um auch schwierige Aufgaben gemeinsam erfolgreich zu lösen.
- Sie werden bei Ihren Kollegen und Vorgesetzten gleichermaßen beliebt sein und Anerkennung erhalten.
- Je weniger Konflikte Sie austragen müssen, desto mehr Energie können Sie Ihrer Arbeit widmen. Dadurch steigt Ihr Wert für die ganze Abteilung bzw. Firma.

➡ Kategorie 4: Wie steht es um Ihre zwischenmenschlichen Beziehungen?

1.4.2 Tips zum Thema »Positiv bleiben«

Tip 1:

Wenn Ihre positive Haltung für Sie einen hohen Stellenwert einnimmt, so wird Ihre Umgebung Sie nicht mehr negativ beeinflussen können. Machen Sie sich immer wieder bewußt, daß Ihre positive Haltung das Wertvollste ist, das Sie besitzen. Und Sie allein können auch darüber verfügen – nicht Ihre Firma oder Ihre Familie.

Tip 2:

Seien Sie auch negativ denkenden Kollegen gegenüber stets freundlich und kommunikativ. Ermutigen Sie sie durch Ihr eigenes gutes Beispiel zu einer positiveren Haltung – aber vermeiden Sie es, außerhalb der Arbeitszeit übermäßig viel Zeit und Kontakt mit ihnen zu pflegen (Mittagessen, Kaffeepause ...). Achten Sie darauf, Ihre persönliche Produktivität unter allen Umständen hochzuhalten, auch wenn andere versuchen, dagegenzuwirken.

Tip 3:

Bitten Sie Ihren Vorgesetzten um Vorschläge, in welcher Form Sie einen Beitrag zu einer Verbesserung des Arbeitsklimas leisten können. Finden Sie heraus, ob Sie Ihren Kollegen ein Vorbild für eine gute Arbeitseinstellung sind und inwiefern Sie sich in dieser Hinsicht noch steigern könnten. Für Ihren Vorgesetzten ist es sicher hilfreich, zu wissen, daß er auf Ihren Beitrag zählen kann, wenn es darum geht, ein positives und produktives Arbeitsklima zu schaffen und zu vertiefen.

Es ist eine schwierige Herausforderung, seine eigene positive Haltung zu bewahren, wenn die Umgebung negativ denkt. Sich von den anderen einfach anstecken und ins Negative ziehen zu lassen, würde sich aber über kurz oder lang als entscheidender persönlicher Nachteil für Sie herausstellen. Manche Leute, die der Ansicht waren, ihre negative Umgebung koste sie zuviel Durchhaltevermögen, haben es vorgezogen, den Arbeitsplatz (die Wohnumgebung etc.) zu wechseln und einen neuen Anfang zu setzen.

➡ Kategorie 4: Wie steht es um Ihre zwischenmenschlichen Beziehungen?

1.4.3 Beziehungen reparieren

Funktionierende Kommunikation ist zweifellos das Herzstück einer stabilen Beziehung. Beim Versuch, eine in die Krise geratene Beziehung »zu kitten«, sollte daher der offene Dialog und freie Meinungsaustausch an erster Stelle stehen. Es ist wichtig, hierfür den richtigen Zeitpunkt zu wählen (eine Situation, wo Ihr Gegenüber gesprächsbereit zu sein scheint), sowie einen geeigneten Ort (wo Sie unter sich sind und nicht gestört werden können). Eröffnen Sie das Gespräch freundlich und entgegenkommend, ohne den anderen unter Druck zu setzen.

Sind Zeit und Ort richtig gewählt, sodaß beide Seiten unbefangen in das Gespräch hineingehen, so können Sie die sogenannte »Jeder-gewinnt«-Methode ansprechen. Äußern Sie Ihre Überzeugung, daß diese Methode ihnen helfen kann, ihre Beziehung wiederherzustellen und gesund zu erhalten. Bitten Sie im weiteren Gesprächsverlauf ihren Partner um seine Vorschläge zu einer effektiven Anwendung dieser Methode zu Ihrem beiderseitigen Vorteil.

Es kostete Johanna drei Tage, bis sie sich dazu durchringen konnte, Harald bei einer geeigneten Gelegenheit auf ihren letzten »Krach« anzusprechen. Obwohl sie zu Gesprächsbeginn und beim Erklären der »Jeder-gewinnt«-Methode etwas unbeholfen war, stieg Harald auf ihren Vorschlag ein. Innerhalb von 20 Minuten hatten sie sich auf ein neuartiges System zur Belohnung bzw. Anerkennung der Leistung des Partners geeinigt, das die Basis einer neuen und besseren Beziehung bildete.

In den meisten Zweierbeziehungen sind Kompromisse einfach notwendig, um die Beziehung erhalten zu können. Manchmal genügt es, wenn einer der beiden dem anderen etwas entgegenkommt. In den meisten Fällen ist es aber nötig, daß beide Seiten bereit sind, von ihrem fixen Standpunkt abzugehen.

Warum ist es so schwierig, Kompromisse einzugehen?

Ein Grund dafür mag sein, daß viele Leute starre und eingefahrene Standpunkte vertreten und jeglichen Kompromiß als »Schwäche« oder »klein beigeben« interpretieren.

Gregor vertrat seinem Chef gegenüber einen fixen Standpunkt und war zu keinerlei Kompromissen bereit, als er eine lästige Pflicht vorübergehend übernehmen sollte. Erst später wurde ihm klar, welchen ernsten Konflikt sein unverrückbarer Standpunkt heraufbeschworen hatte, und er wollte einlenken – doch da war es bereits zu spät für eine Kompromißlösung.

◆ *Ab und zu ist es einfach notwendig, einen Kompromiß einzugehen.*

➠ Kategorie 4: Wie steht es um Ihre zwischenmenschlichen Beziehungen?

1.4.4 Fallstudie

Fallstudie Nr. 7

Obwohl sich Karoline durchaus darüber im klaren ist, daß sie bei einem Jobwechsel beträchtliche finanzielle Einbußen in Kauf nehmen muß, ist sie fest entschlossen, am Freitag zu kündigen. Der Hauptgrund für diese Entscheidung ist, daß Karoline ihre seelische Gesundheit nicht länger aufs Spiel setzen will. Das Arbeitsklima in ihrer Abteilung hat sich deutlich zum Negativen gewendet, weshalb Karoline immer häufiger unter Depressionen leidet.

Die Firmenleitung in Karolines Betrieb ist sehr um gute und gesunde Arbeitsbedingungen bemüht. In körperlicher Hinsicht hat Karoline auch keinerlei Probleme. Was ihr zu schaffen macht, ist schlicht und einfach die negative innere Einstellung, die drei Kollegen aus Karolines Abteilung an den Tag legen. Diese drei Personen (alle älter als Karoline) stehen dem Leben so verbittert gegenüber, daß Karoline ihre eigenen Gefühle kaum mehr abgrenzen kann und von ihrem negativen Denken angesteckt zu werden droht. Auch die Bemühungen ihres Vorgesetzten, der über Karolines Problem Bescheid weiß, sind vergebens.

Halten Sie Karolines Entscheidung für richtig?

_____

_____

_____

_____

Bitte vergleichen Sie Ihre Antworten mit jenen des Autors auf Seite 94 bis 98.

1.4.5 Wie gut sind Ihre Beziehungen?

Wie wir gesehen haben, fällt es manchen Leuten einfach leichter, sich vom negativen Einfluß ihrer Umgebung abzugrenzen als anderen. Manche scheinen die Fähigkeit zu haben, sich gleichsam hinter einem Schutzschild zu verschanzen und ihre positive Haltung unter allen Umständen zu bewahren. Sie bringen es weiters fertig, positive Beziehungen aufzubauen und eventuell auftretende Probleme umgehend zu lösen – mit einem Wort: sie beherrschen die Kunst, gute zwischenmenschliche Beziehungen zu verwirklichen.

Bewerten Sie sich selbst – in 12 Kategorien

⇒ **Kategorie 4: Wie steht es um Ihre zwischenmenschlichen Beziehungen?**

- Gelingt es Ihnen, Ihre positive Haltung zu bewahren, auch wenn Sie mit negativ denkenden Kollegen zusammenarbeiten? Um sich anhand der folgenden Skala richtig einschätzen zu können, ziehen Sie bitte die folgenden Fragen in Betracht.
- Welchen Stellenwert hat eine positive Haltung für Sie?
- Wie wichtig sind Ihnen gute zwischenmenschliche Beziehungen?
- Wie hoch ist Ihr Toleranzniveau im Hinblick auf das Verhalten Ihrer Mitmenschen?
- Inwieweit sind Sie fähig, sich von Vorurteilen zu distanzieren?
- Sehen Sie einen Zusammenhang zwischen guten zwischenmenschlichen Beziehungen und hoher Produktivität?
- Gelten Sie bei Ihren Mitarbeitern als Experte auf dem Gebiet zwischenmenschlicher Beziehungen, so dürfen Sie die Zahl 8, 9 oder gegebenenfalls auch 10 einkreisen. Ist Ihre Stimmung hingegen oft schlecht und beeinflußt die Produktivität der ganzen Abteilung eindeutig negativ, so sollten Sie sich bei »5« oder darunter einstufen.

1.4.6 Skala zur Persönlichkeits-Bestandsaufnahme

Skala zur Persönlichkeits-Bestandsaufnahme:
»Die eigene positive Haltung bewahren
und gute Zusammenarbeit praktizieren«

niedrig	hoch

| 1 | 2 | 3 | 4 | 5 | 6 | 7 | 8 | 9 | 10 |

Kategorie 5: Nehmen Sie sich selbst zu ernst?

1.5.1 Sinn für Humor entwickeln

Manche Menschen besitzen die seltene Gabe, auch in ernsten oder schwierigen Situationen humorvolle Aspekte zu entdecken. Gemeinsam mit anderen lachen zu können, hilft allen Beteiligten, eine schwierige Situation besser zu meistern. In der Arbeitswelt sind solche Menschen unbezahlbar.

Humor ist im tiefsten Sinne ein Ausdruck der Freude, der der Freiheit des Menschen entspringt. Humor ist eine Form von Kommunikation. Es macht Spaß, miteinander zu lachen. Nach Meinung vieler Ärzte hat Lachen eine therapeutische Wirkung. Aber während für manche Menschen Humor etwas Selbstverständliches ist, müssen andere sich erst darum bemühen. Um seinen Sinn für Humor steigern zu können, muß man sich erst über dessen wahren Wert bewußt sein, um aktives Bemühen in Kauf zu nehmen. Bitte beantworten Sie für sich selbst die folgenden Fragen:

- Sehen Sie Humor als Möglichkeit, Ihre Karriere voranzutreiben?
- Sind Sie der Ansicht, daß man durch Erzählen lustiger Begebenheiten oder Scherze leichter Zugang zu anderen bekommt und bessere Beziehungen aufbauen kann?
- Haben Sie das Gefühl, daß viele Leute das Leben zu ernst nehmen – vielleicht auch Sie selbst?
- Wie hoch ist Ihr Humor-Quotient? Wie gut verstehen Sie sich darauf, im Alltag humorvoll zu reagieren?

Bevor Sie die letzte dieser vier Fragen beantworten, füllen Sie bitte den folgenden Test aus.

1.5.2 Test: Ihr persönlicher Humorquotient

Bitte lesen Sie die folgenden Aussagen, und geben Sie an, wie stark Sie sich mit ihnen identifizieren können. Wählen Sie die Zahl 7, so heißt das, daß jene Aussage sehr charakteristisch für Sie ist; wählen Sie die Zahl 1, so ist sie völlig unzutreffend. Bitte seien Sie ehrlich – es sieht Ihnen schließlich niemand dabei zu!

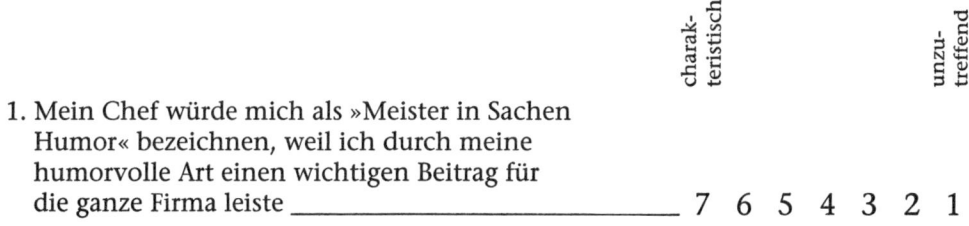

1. Mein Chef würde mich als »Meister in Sachen Humor« bezeichnen, weil ich durch meine humorvolle Art einen wichtigen Beitrag für die ganze Firma leiste _____ 7 6 5 4 3 2 1

➠ Kategorie 5: Nehmen Sie sich selbst zu ernst?

	charakteristisch						unzutreffend

2. Meine Arbeitskollegen und meine Familie würden »Humor« als eine meiner auffälligsten Eigenschaften angeben _____ 7 6 5 4 3 2 1

3. Ich vermeide Sarkasmus, Ironie und Witze auf Kosten Schwächerer (ausgenommen Privatunterhaltungen mit besonders guten Freunden) _____ 7 6 5 4 3 2 1

4. Ich kann über meine eigenen Fehler lachen und sehe es ganz gerne, wenn andere sich ab und zu über mich lustig machen _____ 7 6 5 4 3 2 1

5. Ich lache auch für mich selbst – wenn ich alleine bin und etwas lustig finde _____ 7 6 5 4 3 2 1

6. Es ist nicht schwer, mich durch Witze oder lustige Begebenheiten zum Lachen zu bringen _____ 7 6 5 4 3 2 1

7. Ich lese gerne Cartoons und besuche öfters Komödien, Kabaretts und ähnliche Unterhaltungen __ 7 6 5 4 3 2 1

8. Ich halte spaßige Begebenheiten schriftlich fest und sammle Cartoons und unterhaltsame Essays _____ 7 6 5 4 3 2 1

9. Wenn ich am Arbeitsplatz unter Druck stehe, hilft mir mein Sinn für Humor, die Dinge dennoch aus der richtigen Perspektive zu sehen _____ 7 6 5 4 3 2 1

10. Ich suche ganz spontan in jeder Lebenslage nach dem »komischen Element« und lasse auch andere daran teilhaben _____ 7 6 5 4 3 2 1

11. Wenn ich an Freunde, Kollegen oder Kunden schreibe, wähle ich humorvolle Kartenmotive oder lustige Sprüche _____ 7 6 5 4 3 2 1

12. Durch meinen Sinn für Humor kann mir niemand lange böse sein _____ 7 6 5 4 3 2 1

➟ Kategorie 5: Nehmen Sie sich selbst zu ernst?

	charak-teristisch					unzu-treffend

13. Ich schildere gerne lustige Begebenheiten, um in Arbeitsgesprächen meinen Standpunkt zu verdeutlichen _____ 7 6 5 4 3 2 1

14. Manchmal habe ich ganz aus heiterem Himmel Lust, etwas Verrücktes zu tun – und das tue ich dann auch _____ 7 6 5 4 3 2 1

15. Es kommt öfters vor, daß man mich mit Kollegen zusammenstehen und laut lachen sieht _____ 7 6 5 4 3 2 1

16. Ich stütze mich auf humorvolle Methoden, um mir selbst oder anderen Leuten wichtige Dinge in Erinnerung zu rufen _____ 7 6 5 4 3 2 1

Wenn Sie 100 bis 112 Punkte erreicht haben, so sind Sie entweder ein Lügner oder eine Niete im Kopfrechnen; ein Ergebnis zwischen 90 und 99 Punkten zeigt, daß Sie ein überaus humorvoller Mensch sein müssen; 70 bis 90 Punkte bedeuten, daß Sie in manchen Dingen bisher zuwenig Humor bewiesen haben; bei 45 bis 70 Punkten sollten Sie manches im Leben weniger ernst sehen; und bei weniger als 45 Punkten sollten Sie eine »Humor-Transplantation« durchführen lassen. Wenn Sie beim Durchlesen dieser Auswertung nicht lachen oder zumindest schmunzeln mußten, so verdienen Sie den Humorquotienten »0«.

Dieser Test ist dem ausgezeichneten Buch »Making Humor Work« von Terry Paulson entnommen.

1.5.3 Spaß am Arbeitsplatz

Seiner Arbeit gewissenhaft nachzugehen, ist eine ernste Aufgabe. Wer im Beruf vorankommen will, muß Zeit und Energie investieren. Was in der Arbeitswelt zählt, ist die Produktivität. Wer seinen Job nicht verlieren will, muß Leistung erbringen; wer Karriere machen möchte, muß seine Leistung steigern; muß sich stets neue Fähigkeiten aneignen; muß Qualitätsarbeit liefern ... Wer seine Arbeit ernst nimmt, hat viel Arbeit damit!

Nichtsdestoweniger gibt es einige Gründe, warum jede Art von Arbeit ab und zu auch von der humorvollen Seite her betrachtet werden sollte:

➡ Kategorie 5: Nehmen Sie sich selbst zu ernst?

- Manche Leute sind zu verbissen auf ihre Aufgabe fixiert, sodaß ein wenig Humor ihnen zur nötigen Gelassenheit verhilft und ihre Produktivität zweifellos steigert.
- Wenn die Mitglieder eines Arbeitsteams miteinander lachen können, so steigt ihre Arbeitsfreude und Motivation.
- Humor im richtigen Maße ist ein Beitrag zu positiven Beziehungen am Arbeitsplatz, die für alle Seiten von Vorteil sind.

Wer eine erfolgreiche Karriere anstrebt, hat es leichter, wenn er Sinn für Humor beweist. Dies ist auch der Grund, warum die Herausgeber dieses Buches »Humor« als eine jener 12 Kategorien ausgewählt haben, die zur Erstellung des Persönlichkeitsprofiles auf Seite 77/78 herangezogen werden.

Sie kennen sicher manche Menschen, die höchst intelligent sind, auf eine gute Bildung verweisen können und auch sonst alle Voraussetzungen zum Erfolg mitzubringen scheinen – und dennoch ihr Potential nie wirklich auszuschöpfen vermögen. Wie ist das möglich? Oft fehlt diesen Menschen eine einzige wichtige Eigenschaft: der nötige Sinn für Humor.

Welches berufliche Ziel Sie auch anstreben, Sie sind sicher bemüht, ein Profi in Ihrem Fach zu werden. Wer aber keinerlei Sinn für Humor besitzt, kann dieses Ziel nicht erreichen – und überdies findet er an seiner jeweiligen Aufgabe keinen Spaß.

◆ *»Es gibt drei Regeln, Humor zu entwickeln – nur kennt diese Regeln leider niemand.«*

Laurence Peter

1.5.4 Fallstudie

Fallstudie Nr. 8

Gestern war ein wichtiger Tag für Beatrix: sie wurde zur Abteilungsleiterin ernannt. Bei einem Meeting mit dem Personalchef und dem zuständigen Direktor wurde ihr diese erfreuliche Neuigkeit eröffnet. Der Direktor erklärte, daß die Firmenleitung Beatrix zur neuen Abteilungsleiterin machen wolle. Anschließend besprach der Personalchef mit Beatrix ihr neues Gehaltsschema und die Termine ihrer ersten Management-Seminare. Beatrix war überglücklich – dies war ein großer Tag in ihrer beruflichen Laufbahn.

Am Ende des Meetings bedankte sich Beatrix für das Vertrauen, das die Firmenleitung in sie gesetzt hatte, und bat, eine Frage stellen zu dürfen. Natürlich durfte sie, und so erkundigte sie sich: »Ich wüßte sehr gern, warum die Wahl gerade auf mich gefallen ist, obwohl andere Kandidaten auf mehr Vorbildung und Berufserfah-

➡ Kategorie 5: Nehmen Sie sich selbst zu ernst?

rung verweisen konnten!« Alle sahen gespannt zum Personalchef und warteten auf seine Antwort. Dieser erwiderte: »Es war Ihr Sinn für Humor, der den Ausschlag für unsere Entscheidung gegeben hat!«

Teilen Sie die Meinung, daß ein Bewerber, der Sinn für Humor beweist, einem anderen vorzuziehen ist?

_____

_____

_____

_____

Bitte vergleichen Sie Ihre Antwort mit jener des Autors auf Seite 94 bis 98.

1.5.5 Bewerten Sie Ihren Sinn für Humor

Ihr Humorquotient (Seite 36) gibt Aufschluß über Ihre prinzipielle Fähigkeit, im Alltag Humor zu beweisen. Er ist jedoch nicht unbedingt ein Maßstab dafür, wie oft Sie wirklich humorvoll reagieren oder welchen Einfluß Ihr Humor auf Ihre Einstellung und Ihre Produktivität am Arbeitsplatz hat. Um sich auf der nachfolgenden Skala einstufen zu können, analysieren Sie bitte, inwieweit Sie an Ihrem Arbeitsplatz Humor beweisen.

- Bringen Sie überall dort Humor ins Spiel, wo dies angebracht ist?
- Hält Ihr Sinn für Humor Sie davon ab, Ihre Arbeit übertrieben ernst zu nehmen?
- Streuen Sie bei den meisten Ihrer Gespräche humorvolle Bemerkungen ein?
- Halten Sie auch in Problemsituationen oder bei negativen Erfahrungen immer Ausschau nach humorvollen Aspekten?
- Leisten Sie durch Ihre humorvolle Art einen bedeutenden Beitrag zu einem guten Arbeitsklima?

⇒ *Kategorie 5: Nehmen Sie sich selbst zu ernst?*

Skala zur Persönlichkeits-Bestandsaufnahme: »Sinn für Humor«

niedrig   hoch

1   2   3   4   5   6   7   8   9   10

Kategorie 6: Möchten Sie Ihre Einstellung zum Positiven hin verändern?

1.6.1 Warum unsere positive Einstellung ab und zu neu belebt werden muß ...

Jeder von uns, sei er nun Angestellter, Arbeiter, Student, Hausfrau oder Pensionist etc., muß von Zeit zu Zeit seine Einstellung in irgendeiner Form erneuern bzw. reaktivieren. Niemand wird darum herumkommen.

Seine Einstellung erneuern heißt, seine Ansichten zu überdenken und zu verändern; seine Sichtweise zu verjüngen; die sogenannte rosarote Brille wieder zu polieren und die Schäden zu beseitigen, die Sorgen und Enttäuschungen seiner Einstellung zugefügt haben.

Wochenenden, Ferien und ähnliche erholsame Zeiten werden oft als »Boxenstopp« benutzt, um die innere Haltung zu überarbeiten. Dabei soll man sich mit folgenden Problemen auseinandersetzen:

1. Erschütterungen durch Umwelteinflüsse.

So wie ein Seismograph die Intensität und die Dauer eines Erdbebens aufzeichnet, so spiegelt auch Ihre Einstellung Erschütterungen wider, die durch finanzielle Krisen, durch persönliche Enttäuschungen, durch familiäre Probleme, durch gesundheitliche Schwierigkeiten und ähnliches hervorgerufen werden. Es gibt keine Möglichkeit, sich völlig von solchen Erschütterungen abzuschirmen.

2. Probleme mit dem Selbstbild.

Es gibt Zeiten, da gehen wir uns selbst auf die Nerven, da können wir uns selbst nicht mehr ausstehen. Vielleicht haben wir ein paar Kilo zugelegt, oder unser Äußeres ist nicht mehr so gepflegt wie früher. Dies bewirkt ein negatives Selbstbild – die rosarote Brille, durch die wir uns selbst in einem positiveren Licht sehen können, ist beschmutzt. Wenn dies der Fall ist, so ist es unerläßlich, daß Sie Ihr Selbstbild wieder steigern. Fitneßklubs, Bekleidungsgeschäfte, Modeboutiquen, Friseur und Schönheitsfarmen sind wirksame Hilfsmittel zur »Wiederbelebung« unserer positiven Haltung.

3. Abgleiten ins Negative.

Manchmal überkommt Sie plötzlich eine Welle von negativen Gedanken, obwohl gar kein besonderer Grund dazu vorliegt; obwohl in Ihrer Umgebung alles planmäßig verläuft und Ihr Selbstbild ungetrübt ist. Manche meinen, die vielen negativen Aspekte unserer Gesellschaft hätten schuld daran. Sie denken, daß das

▰▶ *Kategorie 6: Möchten Sie Ihre Einstellung zum Positiven hin verändern?*

Bombardement durch so viele negative Reize uns schwächen und negativ stimulieren kann.

Gleichgültig, welcher Grund vorliegt – ob es Erschütterungen seitens Ihrer Umwelt sind, Probleme mit Ihrem Selbstbild oder ein Abgleiten ins Negative –, jeder von uns muß von Zeit zu Zeit seine Einstellung neu ausrichten.

Zuerst einmal gibt es Formen zur Neubelebung unserer positiven Haltung, die täglich angewendet werden sollten. Manchen Menschen hilft eine kurze Meditation. Andere haben sich angewöhnt, nach einem schlechten Tagesanfang eine(n) gute(n) Freund(in) anzurufen, um sich aufbauende Worte zu holen. Wieder andere lieben Musik, Kabarett oder ähnliches und verschönern sich damit den Alltag.

1.6.2 Was ist eine positive Einstellung?

Oberflächlich betrachtet kann man Einstellung als »Übermittlung Ihrer Stimmung an andere Menschen« bezeichnen. Wenn Sie optimistisch sind und erfolgreiche zwischenmenschliche Begegnungen voraussetzen, so vermitteln Sie den anderen eine positive Einstellung, auf die jene im allgemeinen auch positiv reagieren werden. Wenn Sie jedoch pessimistisch sind und stets das Schlimmste annehmen, so ist Ihre Haltung meist negativ, und die Leute werden den Umgang mit Ihnen meiden. Im Inneren Ihres Kopfes ist Ihre Einstellung durch eine bestimmte Geisteshaltung grundgelegt. *Es ist die Art, wie Sie die Dinge vor Ihrem »geistigen Auge« sehen.*

Betrachten Sie Ihre Einstellung einmal als »geistiges Auge«, mit dem Sie Ihre Umgebung beobachten. Es ist ähnlich wie bei einem Fotoapparat – Sie können Ihre Gedanken genau auf das lenken bzw. konzentrieren, was Sie interessiert.* Sie können eine Situation entweder als Chance oder als Belastung empfinden. Ein kalter Wintertag kann als wunderschön oder als schrecklich frostig angesehen werden; ein Geschäftsmeeting als interessant oder als langweilig. Ihre persönliche Wahrnehmung – der komplizierte Vorgang, wie Sie Ihre Umgebung sehen und interpretieren – ist ein geistiges Phänomen. Es steht allein in Ihrer Macht, sich auf ausgewählte Aspekte Ihrer Umgebung zu konzentrieren und andere zu ignorieren. Mit einfachen Worten, Sie machen sich vom Leben jenes Bild, das Sie gerne haben möchten.

Wir können in unserem Leben entweder die positiven oder die negativen Punkte verstärken. Stellen Sie sich bitte einmal eine Lupe vor: Sie können damit die guten Nachrichten einer Zeitung lesen und sich daran freuen – oder die schlechten Neuigkeiten lesen und sich elend fühlen. Es kann Ihnen zur Gewohnheit werden,

---

* Wenn Sie noch mehr zu diesem Thema lesen möchten, empfehlen wir Ihnen das Buch »Positive Lebenseinstellung – Ihr wertvollster Besitz« von Elwood N. Chapman.

➡ Kategorie 6: Möchten Sie Ihre Einstellung zum Positiven hin verändern?

entweder das Positive oder das Negative hervorzuheben. Wenn Sie stets das Schwierige in den Mittelpunkt rücken, so werden Ihre Probleme entsprechend anwachsen. Eine bessere Vorgangsweise ist die Fernglas-Methode. Wenn Sie schöne Dinge durch ein Fernglas ansehen möchten, so nützen Sie dessen Vergrößerungseffekt, wenn Sie jedoch negative Elemente bemerken, so drehen Sie das Fernglas um, um das Negative kleiner erscheinen zu lassen. Haben Sie Ihre Phantasie erst einmal soweit im Griff, daß Sie bewußt die positiven Dinge hervorheben können, dann sind Sie bereits auf dem besten Weg.

1.6.3 Seine positive Lebenseinstellung bewahren – eine echte Herausforderung

Unsere innere Haltung ist nicht statisch. Sie ist vielmehr ein fortwährender dynamischer und empfindlicher Wahrnehmungsprozeß. Wenn Sie nicht ständig auf der Hut sind, können negative Faktoren in Ihr Blickfeld geraten und dominant werden. Dadurch sind Sie gezwungen, Ihre »geistigen Reserven« zur Beseitigung von Schwierigkeiten anstatt zur Nutzung von Chancen zu verwenden.

Wenn sich das Negative über längere Zeit hinweg in Ihren Gedanken festsetzt, wird es sich in Ihrer Haltung widerspiegeln. Das Positive ist zwar weiterhin vorhanden, wird aber vom Negativen überschattet.

Es bedeutet eine echte Herausforderung, die negativen Faktoren in die Randbereiche unseres Denkens zu verbannen. Wer diesen Trick erst einmal beherrscht, wird ihn immer wieder zur Anwendung bringen – und man wird es ihm tatsächlich anmerken können!

Natürlich kann keiner von uns ständig nur positiv denken. Übetriebener Optimismus – wie ihn beispielsweise Pollyanna in den Romanen von Eleanor Porter zeigt – ist einfach unrealistisch. Ihre Freunde und Geschäftspartner hätten bald das Gefühl, Sie verhielten sich steif und gekünstelt. Schließlich ist eine positive Einstellung keine Vorschrift, die man zu erfüllen sucht, sondern sie muß ehrlich und lebensnah sein. Manchmal gibt es im Leben sehr harte Momente, wo es unmöglich erscheint oder sogar unangebracht ist, eine positive Einstellung zu haben. Das Motto »Wir sind immer die Stärkeren« mag vielleicht die Geisteshaltung von jugendlichen Randalierern widerspiegeln, hat aber mit positiver Einstellung nichts zu tun.

Solange alles »gut läuft«, kann man seine positive Einstellung selbst steigern und problemlos über längere Zeit hinweg aufrechterhalten. Da wir jedoch alle nur Menschen sind, gibt es sicher immer wieder Ereignisse, die Ihre positive Haltung auf die Probe stellen; bestimmte Personen oder Situationen, die Ihre Einstellung ins Wanken bringen und Sie herausfordern, zu beweisen, daß Sie auch nach Tiefschlägen rasch wieder auf die Beine kommen.

➡ Kategorie 6: Möchten Sie Ihre Einstellung zum Positiven hin verändern?

1.6.4 Seine positive Einstellung zu teilen, heißt, sie zu stärken

Wenn das Verhalten anderer Menschen Sie frustriert, so haben Sie vielleicht Lust, ihnen »einen Denkzettel zu verpassen«. Das ist nur allzu verständlich. Besser wäre es jedoch, ihnen »einen Denkanstoß zu geben«, d. h. Ihre positive Einstellung auf sie zu übertragen. Gelingt Ihnen das, so werden die anderen im Gegenzug Ihre eigene positive Haltung neu beleben.

Sandra bat Karoline, mit ihr zu Mittag zu essen, da sie psychologische Unterstützung brauchte. Karoline war zwar nicht besonders danach zumute, aber sie versprach zu kommen und bemühte sich bewußt um eine positive Haltung. Als das Mittagessen vorüber war, hatte Karoline nicht nur Sandra aufgebaut, sondern fühlte sich auch selbst wieder besser. Beide Seiten hatten profitiert.

Wenn Sie Ihre positive Einstellung mit anderen Menschen teilen, so erzeugen Sie eine symbiotische Beziehung. Nicht nur Ihr Gegenüber fühlt sich besser, sondern auch Sie selbst. Es ist eine interessante Tatsache, daß Sie Ihre positive Einstellung verstärken können, indem Sie sie mit anderen teilen.

Wo es also darum geht, Ihre positive Einstellung auf andere zu übertragen, ist das für Sie eine Chance, gleichzeitig dem anderen und sich selbst etwas Gutes zu tun.

Frau Kraushofer ist eine hervorragende Lehrerin. Einer der Hauptgründe dafür ist die Tatsache, daß sie ihre positive Einstellung bereitwillig mit ihren Schülern und Kollegen teilt. Als Gegenleistung bestärken diese wiederum Frau Kraushofers positive Haltung, indem sie ihr Komplimente und Anerkennung entgegenbringen.

Herr Niedermayer ist ein erfolgreicher Abteilungsleiter. Nebenbei ist er auch ein Spaßvogel. Jeden Tag versucht er, den Arbeitsdruck durch ein paar Scherze zu mindern. Sein Einsatz für ein positives Arbeitsklima macht sich insofern bezahlt, als daß er äußerst engagierte Mitarbeiter hat, die sich ihrerseits um größtmögliche Produktivität und ein angenehmes Arbeitsklima bemühen.

➡ Kategorie 6: Möchten Sie Ihre Einstellung zum Positiven hin verändern?

1.6.5 Fallstudien

Fallstudie Nr. 9

Madeleines Arbeitshaltung wurde kürzlich anläßlich einer Leistungskontrolle von ihrem Vorgesetzten in der Kategorie »Arbeitseinstellung« als »mittelmäßig« eingestuft, obwohl sie selbst »gut« oder »ausgezeichnet« erwartet hatte. Madeleine fühlte sich ungerecht beurteilt und legte Einspruch dagegen ein. In dem darauffolgenden Gespräch meinte Madeleines Vorgesetzter, er sei überzeugt, Madeleine hätte durchaus das Potential dazu, den Kunden gegenüber mehr Freundlichkeit und den Mitarbeitern gegenüber mehr Geduld an den Tag zu legen; sie solle am Telefon mehr Selbstsicherheit und ganz allgemein mehr Gesprächsbereitschaft beweisen.

Madeleines Vorgesetzter nahm seine Bewertung nicht zurück, und Madeleine war knapp daran, alles hinzuschmeißen und sich einen neuen Job zu suchen. Nachdem sie aber die Angelegenheit mit ihrem Mann noch einmal durchbesprochen hatte, kam sie zu der Ansicht, daß die negative Bewertung ihres Vorgesetzten möglicherweise auch als positive Anregung verstanden werden könnte. Sie beschloß, die Sache aus einer anderen Perspektive zu sehen und sich künftig auf eine positivere Haltung zu konzentrieren. Drei Monate später meinte ihr Mann: »Madeleine, ich finde, unsere Beziehung hat sich sehr vorteilhaft verändert. Es macht jetzt viel mehr Spaß, mit dir zusammenzusein – auch unsere Freunde haben das schon gesagt.«

Ist es möglich, daß eine Haltungsänderung in einem konkreten Lebensbereich (Arbeitsplatz) sich auch auf die Einstellung in einem anderen Bereich (Privatleben) auswirkt?

_____
_____
_____
_____

Bitte vergleichen Sie Ihre Ansicht hierzu mit jener des Autors auf Seite 94 bis 98.

➡ Kategorie 6: Möchten Sie Ihre Einstellung zum Positiven hin verändern?

1.6.6 Bewerten Sie Ihre innere Haltung

Die Haltung eines anderen Menschen zu beurteilen ist ein schwieriges Unterfangen, das sehr viel Einfühlungsvermögen erfordert. In ähnlichem Maße ist es auch schwierig, seine eigene Einstellung zu bewerten. Jeder von uns tendiert dazu, die eigene Einstellung positiver einzuschätzen, als andere dies tun würden.

Bevor Sie sich also auf der Skala von 1 bis 10 einstufen, setzen Sie sich bitte mit folgenden Fragen auseinander:

- Halten Sie sich für einen äußerst positiven Menschen, der nur ab und zu einmal eine schlechte Phase hat?
- Zeigen Sie, auf Dauer gesehen, eine merklich positivere Haltung als Ihre Kollegen?
- Sehen Sie Ihre positive Haltung als Ihren wertvollsten Besitz an?
- Stellen Ihre Kollegen Ihnen manchmal die Frage: »Wie schaffst du es nur, immer so eine positive Ausstrahlung zu haben?«

Wenn Sie eine oder mehrere dieser Fragen mit »Ja« beantworten konnten, so sollten Sie nicht zögern und die Zahl 8, 9 oder 10 für sich in Anspruch nehmen. Haben Sie aber das Gefühl, daß Ihre Einstellung sich noch entscheidend verbessern könnte, so kreisen Sie eine entsprechend niedrigere Zahl ein.

Skala zur Persönlichkeits-Bestandsaufnahme: »Einstellung«
niedrig .... hoch
1   2   3   4   5   6   7   8   9   10

Kategorie 7: Sind Sie selbstsicher genug?

1.7.1 Wie man seine Selbstsicherheit in positivem Sinn steigern kann

Es wäre schön, könnte man sich einfach entscheiden, die Straße mit dem Schild »Selbstsicherheit« einzuschlagen und sein ganzes Leben lang nie mehr vom rechten Weg abzukommen.

Unser Leben gleicht jedoch eher einem Labyrinth als einer breiten Autobahn – und niemand von uns kann in allen Lebenslagen Selbstsicherheit beweisen. Jeder von uns entspricht in wechselnder Abfolge allen dreien der im folgenden beschriebenen Verhaltensmuster – je nach Situation und persönlichen Umständen. Zum Glück ist Selbstsicherheit aber eine Eigenschaft, die man sich mehr und mehr aneignen kann.

1. Unsicheres Verhalten

… ist passiv und indirekt. Es vermittelt die Botschaft der Minderwertigkeit. Wenn wir unsicher sind, stellen wir die Wünsche, Bedürfnisse und Rechte der anderen über unsere eigenen. Unsicherheit erzeugt »Gewinner-Verlierer«-Situationen. Die unsichere Person begibt sich in die Rolle des Verlierers (im besten Fall wird sie ignoriert), während sie dem anderen die Rolle des Gewinners einräumt. Wer diesem Verhaltensmuster folgt, wird stets den kürzeren ziehen.

2. Aggressives Verhalten

… ist etwas komplexer. Es kann entweder aktiv oder passiv sein. Aggressionen können direkt oder indirekt, offen oder versteckt sein – in jedem Fall vermitteln sie Überlegenheit und fehlenden Respekt. Wenn wir aggressiv sind, stellen wir unsere Wünsche, Bedürfnisse und Rechte über jene der anderen. Wir versuchen, das zu erreichen, was wir wollen, ohne den anderen eine Chance zu geben. Aggressives Verhalten ist im Normalfall nicht angezeigt, da es die Rechte anderer Menschen verletzt. Jene, die sich aggressiv verhalten, sind »Gewinner«, indem sie andere zu »Verlierern« machen – aber sie setzen sich der Gefahr einer möglichen Rache aus. Tyrannen waren noch nie beliebt.

3. Selbstsicheres Verhalten

… ist aktiv, direkt und ehrlich. Es vermittelt das Gefühl, daß jemand sich selbst für wertvoll hält und gleichzeitig andere anerkennt. Wenn wir selbstsicher sind, stellen wir unsere Wünsche, Bedürfnisse und Rechte auf die gleiche Stufe mit jenen anderer Menschen. Wir bemühen uns um »Jeder-gewinnt«-Lösungen. Ein selbstsicherer Mensch gewinnt, indem er auf andere einen guten Einfluß ausübt, ihnen wirklich zuhört und mit ihnen nach Kompromissen sucht, sodaß die anderen zur

➡ Kategorie 7: Sind Sie selbstsicher genug?

Kooperation bereit sind. Dieses Verhalten ermöglicht es, Erfolg zu haben, ohne die Rachegefühle anderer Menschen fürchten zu müssen, sowie offene und ehrliche Beziehungen führen zu können.

1.7.2 Übung: Ein Quiz zum Thema Selbstsicherheit

Im folgenden werden Sie einige Methoden kennenlernen, Ihre Selbstsicherheit zu stärken. Zuvor wäre es wichtig, sich einige Momente Zeit zu nehmen, um Ihren »Ist-Zustand« zu überdenken. Bitte beantworten Sie die folgenden Fragen möglichst aufrichtig. Dies wird Ihnen helfen, klar zu sehen, wie es derzeit um Ihre Selbstsicherheit steht.

Bitte teilen Sie jeder der folgenden Aussagen eine Note (entsprechend der nebenstehenden Skala) zu:

	immer				nie
1. Ich kann andere um einen Gefallen bitten, ohne mir Schuldgefühle oder langes Kopfzerbrechen darüber zu machen	5	4	3	2	1
2. Wenn mich jemand um etwas bittet, was ich nicht tun möchte, so kann ich »nein« sagen, ohne Schuldgefühle oder Unbehagen zu empfinden	5	4	3	2	1
3. Ich bin es gewöhnt, vor größeren Gruppen von Leuten zu sprechen	5	4	3	2	1
4. Ich vertrete auch Vorgesetzten (z. B. meinem Chef) gegenüber meine ehrliche Meinung	5	4	3	2	1
5. Wenn starke Gefühle in mir laut werden (Zorn, Frustration, Enttäuschung etc.), gelingt es mir, sie in Worte zu fassen	5	4	3	2	1
6. Ich kann meinem Ärger Ausdruck verleihen, ohne anderen die Schuld daran zu geben (»Du machst mich verrückt ...«)	5	4	3	2	1
7. Ich bin es gewöhnt, auch in einer größeren Runde von Freunden oder Bekannten aus mir herauszugehen	5	4	3	2	1

➡ Kategorie 7: Sind Sie selbstsicher genug?

	immer				nie

8. Wenn ich bei einem Meeting die Ansichten der Mehrheit nicht teile, so kann ich meinen Standpunkt verteidigen, ohne mich unbehaglich zu fühlen oder angriffslustig zu werden _____ 5 4 3 2 1

9. Wenn mir ein Fehler unterlaufen ist, kann ich ihn eingestehen _____ 5 4 3 2 1

10. Ich sage es meinem Gegenüber, wenn sein Verhalten ein Problem für mich darstellt _____ 5 4 3 2 1

11. Neue Bekanntschaften zu schließen fällt mir nicht schwer und ist eine interessante Erfahrung für mich _____ 5 4 3 2 1

12. Beim Versuch, anderen meinen Standpunkt nahezubringen, habe ich es nicht nötig, deren Meinung als »verrückt«, »dumm«, »lächerlich« oder »irrational« zu bezeichnen _____ 5 4 3 2 1

13. Ich halte die meisten meiner Mitmenschen für kompetent und vertrauenswürdig, sodaß es mir nicht schwerfällt, eine Aufgabe zu delegieren _____ 5 4 3 2 1

14. Wenn ich etwas Neues versuchen (unternehmen, lernen) soll, vertraue ich in meine Fähigkeit, es auch tatsächlich zu schaffen _____ 5 4 3 2 1

15. Ich bin der Ansicht, daß meine eigenen Bedürfnisse genauso wichtig sind wie jene der anderen und ich das Recht habe, für die Erfüllung dieser Bedürfnisse zu sorgen _____ 5 4 3 2 1

Gesamtpunkteanzahl (Summe der 15 Bewertungen): _____

Bewerten Sie sich selbst – in 12 Kategorien

⇒ Kategorie 7: Sind Sie selbstsicher genug?

Auswertung zum Test auf Seite 44/45:

Wenn Ihr Ergebnis 60 oder mehr Punkte aufweist, so ist Ihr Verhalten in den meisten Situationen von Selbstsicherheit geprägt. Wenn Sie zwischen 45 und 60 Punkten erreicht haben, so sind Sie offenbar ein ziemlich selbstsicherer Mensch. Haben Sie 30 bis 45 Punkte, so reagieren Sie oft automatisch mit unsicherem oder aggressivem Verhalten. Haben Sie zwischen 15 und 30 Punkte erreicht, so stehen Sie mit dem Thema »Selbstsicherheit« noch etwas auf Kriegsfuß.

➡ Kategorie 7: Sind Sie selbstsicher genug?

1.7.3 Fallstudien

Fallstudie Nr. 10

Nehmen wir einmal an, Sie hießen Andrea, und eine Ihrer besten Freundinnen wäre Kim Aoki, geboren und aufgewachsen in Japan. Sie und Kim sind im Hauptsitz eines großen Unternehmens beschäftigt und arbeiten eng zusammen. Kim kann ausgezeichnet programmieren, ist Spezialistin auf dem Gebiet der Buchhaltung und beherrscht die deutsche Sprache perfekt in Schrift und Wort. Dennoch fällt es ihr schwer, sich an die westliche Kultur zu gewöhnen.

Kim ist ruhig, unaufdringlich und zieht sich sofort zurück, wenn jemand ihre Meinung auch nur im geringsten kritisiert. Gestern abend führten Sie mit Kim eine sehr offene und tiefgehende Diskussion. Als Sie Kim darauf ansprachen, warum es für sie so schwierig sei, sich etwas mehr durchzusetzen, gab sie zur Antwort: »Ich bin nun einmal so erzogen. Ich fühle mich unbehaglich, wenn es zu irgendeiner Form von Auseinandersetzung kommt.« Sie boten Kim Ihre Hilfe an: »Vielleicht könnte ich dir in diesem Punkt ein wenig weiterhelfen?« Kim seufzte nur: »Ich wäre wirklich gerne ein mutiger, selbstsicherer Mensch – so wie du!«

Wie würden Sie nun darangehen, Kim zu helfen?

_____

_____

_____

_____

➡ Kategorie 7: Sind Sie selbstsicher genug?

Fallstudie Nr. 11

Veronika ist eine Frau, die auf manchen Gebieten genial denken kann. Ihre Vorschläge zur Erleichterung gewisser Arbeitsabläufe innerhalb der Firma mit Hilfe der verfügbaren Computertechnologie sind zum Teil hervorragend. Veronika ist zweifellos eine sehr erfolgreiche Mitarbeiterin, obwohl sie im Umgang mit anderen nicht gerade zimperlich ist. Die Firmenleitung macht gute Miene zum bösen Spiel, weil Veronika ihre Aufgaben höchst zufriedenstellend erfüllt; bei genauerem Hinsehen würde man jedoch bemerken, daß Veronika ein Heer unzufriedener und wenig produktiver Mitarbeiter hinter sich läßt. Einer ihrer Kollegen formulierte es so: »Veronika hat auf ihren Seminaren zur Persönlichkeitsentfaltung anscheinend etwas zuviel Selbstsicherheit abbekommen – und verwechselt selbstsicheres mit aggressivem Verhalten. Sie ist zwar unheimlich gut in ihrem Fach, aber niemand will mehr etwas mit ihr zu tun haben.«

Wenn Sie Veronikas Vorgesetzter wären – wie würden Sie darangehen, Veronikas Entwicklungsprozeß gleichsam rückgängig zu machen, sodaß sie ihr übersteigertes Verhalten ablegt und Selbstsicherheit im positiven Sinn zeigt?

_____

_____

_____

_____

Bitte lesen Sie auf Seite 94 bis 98 die Kommentare des Autors zu diesen beiden Fallstudien.

➠ Kategorie 7: Sind Sie selbstsicher genug?

1.7.4 Selbstsicherheit – eine Skala zur Selbsteinschätzung

Möglicherweise fällt es Ihnen schwerer, Ihre Selbstsicherheit einzuschätzen als die anderen 11 Charakteristika Ihres Persönlichkeitsprofils. Was könnte der Grund hierfür sein? Auf dieser Skala dürfen Sie die höchste Zahl (10) nur dann wählen, wenn Sie der Ansicht sind, genau die richtige Balance zwischen Aggressivität und Unsicherheit zu kennen. Wenn Sie beispielsweise oft aggressive Verhaltensweisen an den Tag legen (sich bei Gesprächen zu ereifern, sodaß Sie die anderen niederreden; andere herumzukommandieren oder ganz allgemein die Bedürfnisse anderer zu übergehen), so sollten Sie sich selbst nicht höher als bei »5« einstufen. Sind Sie andererseits so unsicher, daß Sie oft übergangen und Ihre Fähigkeiten unterschätzt werden, so sollten Sie sich ebenfalls nicht höher als bei »5« einstufen.

Wenn Sie jedoch der ehrlichen Überzeugung sind, weder unsicher noch aggressiv zu sein, so können Sie sich zwischen »5« und »10« einstufen.

- Wenn Sie der Meinung sind, Ihre Selbstsicherheit genau richtig dosieren zu können, so verdienen Sie die Zahl »9« oder »10«.
- Wenn Sie mit sich selbst in Sachen Selbstsicherheit zwar einigermaßen zufrieden sind, jedoch meinen, daß eine Steigerung durchaus im Bereich des Möglichen liege, so kreisen Sie die Zahl »7« oder »8« ein.
- Wenn Sie die Ansicht vertreten, daß Sie zwar zu mehr Selbstsicherheit fähig sind, jedoch in dieser Richtung bisher noch keine besonderen Fortschritte gemacht haben, so geben Sie sich 6 oder weniger Punkte.

Skala zur Persönlichkeits-Bestandsaufnahme: »Selbstsicherheit«

niedrig	hoch

```
1    2    3    4    5    6    7    8    9    10
|----|----|----|----|----|----|----|----|----|
```

Kategorie 8: Sind Ihre beruflichen Fähigkeiten auf dem letzten Stand?

1.8.1 Es weht ein neuer Wind ...

Heutzutage sind nicht nur die Unternehmen selbst in ständigem Umbruch (permanenter Neustrukturierung) begriffen, auch die Arbeit des einzelnen erfährt neue Dimensionen. Dies gilt besonders für technische Berufe im weitesten Sinn, die Hand in Hand mit dem Einsatz ständig neuer Technologien auch ständig neue Anforderungen an den einzelnen stellen. Selten sind Stellenbeschreibungen heute noch statisch; in vielen Fällen kommen alle paar Monate neue Aufgaben auf den Arbeitnehmer zu.

Was bedeutet das nun für den einzelnen Angestellten, der immer häufiger mit neuen Anforderungen und Aufgaben konfrontiert wird? Es bedeutet zweifellos, daß jene, die in ihrem Beruf erfolgreich sein wollen, Flexibilität und Offenheit für neue Erfahrungen an den Tag legen müssen.

- Für den Arbeitnehmer kann dies bedeuten, daß er sich zusätzliche berufliche Qualifikationen aneignen muß, und zwar entweder direkt am Arbeitsplatz oder im Rahmen eines Fortbildungskurses.

- Für die Firmenleitung kann dies bedeuten, daß sie ihren Mitarbeitern den Besuch diverser Fortbildungsseminare auf Firmenkosten ermöglichen muß.

- Die Eigeninitiative des einzelnen ist gefragt: Selbsthilfebücher sowie Selbststudium mit Hilfe geeigneter Handbücher oder modernster technischer Geräte sind empfehlenswert.

In jedem Beruf ist es notwendig, seine eigenen Qualifikationen von Zeit zu Zeit auf den neuesten Stand zu bringen. Neue technische Geräte, Prozesse oder Technologien sind eine Herausforderung, die man so rasch als möglich in den Griff bekommen sollte. Es ist heute schwierig, einen Arbeitsplatz zu finden, wo keinerlei Weiterbildung erforderlich oder erwünscht ist.

Was heißt das im Klartext? Alle Arbeiter und Angestellten müssen sich der ständigen Herausforderung stellen, ihre Fähigkeiten oder Kompetenzen zu erweitern. Wer sich dieser Herausforderung stellt, legt den Grundstein für berufliches Weiterkommen; wer sich jedoch weigert, wird sich bald in wenig anspruchsvollen Positionen wiederfinden. Solange in der Berufswelt ständig »ein neuer Wind« weht, werden Ausbau und Vertiefung der eigenen Fähigkeiten sowie neue Ansätze zu Spitzenleistungen höchst gefragt sein.

Für unsere Betriebe ist dies eine Überlebensfrage!

⇒ **Kategorie 8: Sind Ihre beruflichen Fähigkeiten auf dem letzten Stand?**

1.8.2 Übung: In welchem Ausmaß unterliegt Ihr Arbeitsplatz Veränderungen?

In manchen Berufen dreht sich das Rad des Fortschrittes schneller als in anderen. Berufe in der Computer- und Kommunikationsbranche beispielsweise müssen stets mit der neuesten Technologie Schritt halten; wer im Dienstleistungsbereich tätig ist (Verkauf, Friseur, Gastgewerbe, Reisebüro, Bank etc.), registriert zwar nicht ganz so einschneidende Veränderungen – aber auch vor diesem Wirtschaftszweig macht der Fortschritt natürlich nicht halt.

Wie steht es nun mit jenem Job, den Sie tagtäglich ausüben? Um herausfinden zu können, inwieweit der ständige technische Fortschritt sich auf Ihren Beruf auswirkt, beantworten Sie bitte die folgenden Fragen.

	ja	nein
1. Wurde im Lauf des letzen Jahres in Ihrem Büro auf neue Geräte umgestellt?	○	○
2. Gibt es Arbeitskollegen, die Ihnen in manchen Dingen einfach voraus sind?	○	○
3. Bitten Sie andere öfter, Sie mit neuen Prozessen oder einer neuen Technologie vertraut zu machen?	○	○
4. Hat sich Ihre Einstellung gegenüber Veränderungen am Arbeitsplatz im Lauf der letzten Monate zum Negativen gewandelt?	○	○
5. Weichen Sie systematisch jeder Möglichkeit aus, Ihre Fähigkeiten auszubauen, obwohl Sie wissen, daß es klüger wäre, sie zu nützen?	○	○
6. Sind Sie unzufrieden mit der Anzahl von Fehlern, die Ihnen immer wieder unterlaufen?	○	○
7. Haben Sie es aufgegeben, sich um eine Beförderung zu bemühen, weil Ihre Fähigkeiten mit den ständig wechselnden Anforderungen einfach nicht mehr Schritt halten können?	○	○

⇒ Kategorie 8: Sind Ihre beruflichen Fähigkeiten auf dem letzten Stand?

	ja	nein
8. Ist Ihre persönliche Produktivität aufgrund von Veränderungen in Ihrer Stellenbeschreibung gesunken?	O	O
9. Haben Sie das Gefühl, von Kollegen im Hinblick auf bestimmte Fähigkeiten, die für Ihre Firma von großer Bedeutung sind, an die Wand gedrängt zu werden?	O	O
10. Hat Ihr Vorgesetzter Ihnen nahegelegt, an einem firmenfinanzierten Fortbildungsseminar teilzunehmen oder noch einmal die Schulbank zu drücken, um Ihre Kenntnisse aufzufrischen?	O	O

Auswertung:

Wenn Sie siebenmal oder öfter mit »Ja« geantwortet haben, so scheint es für Sie sehr dringlich zu sein, schon bald konkrete Schritte im Hinblick auf Ihre persönliche Weiterbildung zu setzen. Haben Sie fünf, sechs oder sieben Fragen mit »Ja« beantwortet, so ist die Notwendigkeit der Fortbildung für Sie zwar nicht ganz so dringlich; sie besteht dennoch. Haben Sie viermal oder seltener mit »Ja« geantwortet, so scheinen Sie den Fortbildungserfordernissen Ihres Berufes ausreichend zu entsprechen.

➡ Kategorie 8: Sind Ihre beruflichen Fähigkeiten auf dem letzten Stand?

1.8.3 Fallstudie

Fallstudie Nr. 12

Felicia hat absolut keine Lust, sich ständig neues Wissen für den Computer aneignen zu müssen. Hat sie sich endlich mit einem neuen Gerät oder Softwareprogramm vertraut gemacht, steht ihr schon wieder etwas Neues ins Haus. Im Grunde hätte sie viel lieber einen anspruchslosen Job, damit sie ihre geistige und körperliche Energie für ihre Familie und das Privatleben aufsparen kann.

Zu ihrem Erstaunen erhielt Felicia gestern die Chance, eine leitende Position in ihrer Abteilung zu übernehmen. Wunderbar, dachte sie bei sich, das ist genau das Richtige für mich. Es liegt mir zweifellos mehr, Menschen zu führen, Kontakte zu fördern und Organisationsarbeit zu leisten. Den ganzen technischen Kram kann ich künftig an andere delegieren, die sich gerne damit befassen. Gut, daß ich künftig mehr Entscheidungsspielraum haben werde als bisher.

Liegt Felicia mit ihrer Sicht der Dinge richtig?

_____

_____

_____

_____

Wenn Sie Ihre Meinung hierzu mit jener des Autors vergleichen möchten, blättern Sie bitte zu Seite 94 bis 98.

➡ Kategorie 8: Sind Ihre beruflichen Fähigkeiten auf dem letzten Stand?

1.8.4 Skala: Meine Fähigkeiten am Arbeitsplatz

Wir möchten Sie nun bitten, zu beurteilen, inwieweit Sie die für Ihren jetzigen Beruf erforderlichen fachlichen Qualifikationen besitzen. Unter »Qualifikationen« ist hier beispielsweise die Qualität Ihrer schriftlichen Kommunikation zu verstehen sowie Ihre Kenntnisse im Umgang mit dem Computer, Ihre handwerklichen Fertigkeiten, Ihre Erfahrung in Finanzangelegenheiten, in Buchhaltung etc. In Stellenbeschreibungen sind üblicherweise verschiedenste Qualifikationen aufgelistet, die die Grundbedingung für ausgezeichnete berufliche Leistungen bilden.

Wenn Sie sich nun anhand der Skala einstufen, denken Sie bitte daran, das Ausmaß Ihrer persönlichen Fähigkeiten (Arbeitstempo, Sorgfalt und Genauigkeit etc.) nur mit Personen zu vergleichen, die in ähnlichen Berufen wie Sie selbst beschäftigt sind. Sie sollten auch Ihr Verhalten im Umgang mit Kunden einbeziehen, und zwar sowohl in persönlichen Begegnungen als auch in Telefongesprächen. Nur wenige werden die Zahl 10 auf unserer Skala erreichen können; eine Wertung auf 1, 2 oder 3 hingegen bedeutet, daß Sie momentan noch eine »Schonfrist« haben, bis Sie Ihre beruflichen Fähigkeiten voll entfalten.

Skala zur Persönlichkeits-Bestandsaufnahme:
»Standard der beruflichen Qualifikation«

niedrig   hoch

1   2   3   4   5   6   7   8   9   10

Kategorie 9: Sind Sie mit der Qualität Ihrer Arbeit zufrieden?

1.9.1 Qualität ist heute gefragt

Im Lauf der letzten Jahre ging der Trend eindeutig in Richtung höherwertige Produkte und besseres Service. Man kommt nicht daran vorbei, Qualität als erstrebenswert anzusehen. Für diesen Trend gibt es vier wichtige Gründe.

- Konsumentenschutzverbände ließen die Forderung nach Produkthaftung laut werden und untermauerten ihr Anliegen mit einer Flut von Prozessen.

- Viele Firmen nehmen verstärkt ihre Verantwortung in Umweltschutz und sozialen Fragen wahr.

- Die Zufriedenheit des Kunden (die Qualität) ist mehr denn je ausschlaggebend dafür, ob der Kunde erneut ein Produkt derselben Firma kauft bzw. eine Dienstleistung desselben Betriebes in Anspruch nimmt.

- Die internationale Konkurrenz hat bei einigen Produkten zu höheren Qualitätsstandards geführt.

Aus diesen und ähnlichen Gründen sieht man sich in vielen Betrieben und Institutionen veranlaßt, Fragen der Qualität fortan in den Vordergrund zu rücken. Von Rechtsanwälten erwartet man, daß sie immer besser über die Rechte und Privilegien ihrer Klienten Bescheid wissen; von Krankenschwestern, daß ihnen bei der Pflege und Medikation immer weniger Fehler unterlaufen; von Kellnern erwartet man kompetentere Beratung des Gastes bei der Speisenwahl; und auch in der Bürowelt ist man nicht mehr in gleichem Maße wie bisher bereit, über Fehler bei der Computerbedienung oder im Schriftverkehr hinwegzusehen. Ein bekannter Werbeslogan formuliert es so: »Unser primäres Anliegen ist allerhöchste Qualität!«

Schon immer war jenes Konzept umstritten, wonach Qualität zugunsten höherer Produktionsgeschwindigkeit bzw. größerer Produktionszahlen vernachlässigt werden könne. Heute sind die meisten Leute der Meinung, daß man so weit als möglich Produkte bzw. Dienstleistungen von 1A-Qualität anstreben sollte, während Arbeitstempo und Gesamtergebnis erst an zweiter Stelle zu stehen hätten. Diese Philosophie hat sich in vielen Betrieben – besonders langfristig gesehen – als gewinnbringend erwiesen.

➠ Kategorie 9: Sind Sie mit der Qualität Ihrer Arbeit zufrieden?

1.9.2 Übung: Fragen zum Thema Qualität

Die folgende Übung will Ihnen helfen, Ihre persönliche Einstellung in der Frage »Qualitätsarbeit contra durchschnittliche Arbeitsleistung« einzuschätzen. *Qualitätsarbeit ist eine Frage der inneren Einstellung.* Und in manchen Firmen gelingt es der Geschäftsleitung besser, die Angestellten zur Erbringung von optimalen Leistungen zu motivieren als in anderen.

Bitte haken Sie bei den folgenden Aussagen jeweils die Spalte »ja« oder »nein« an.

	ja	nein
1. Ich sehe es als Ehrensache an, in einer Firma zu arbeiten, in der hohe Qualitätsstandards gelten	O	O
2. Es macht mir nichts aus, eine Aufgabe sorgfältig zu erfüllen, auch wenn es sich um Routinehandgriffe handelt, die ich wieder und wieder durchführen muß	O	O
3. Ich bin gerne ordentlich, organisiert und effizient. Wenn mir ein Fehler unterläuft, werde ich unzufrieden mit mir selbst	O	O
4. Wenn mich ein Vorgesetzter ermahnen müßte, so wäre mir eher Langsamkeit als Schlampigkeit als Grund dafür lieber	O	O
5. Ich habe wenig Geduld mit Leuten, deren Einstellung »Ich werde es schon irgendwie schaffen« heißt	O	O
6. Ein höheres Produktionstempo ist nur dann erstrebenswert, wenn die Arbeitsqualität nicht darunter leidet	O	O
7. Ich würde einen langen Bericht eher in Überstundenarbeit neu schreiben, als ihn mit einem einzigen Fehler abzugeben	O	O
8. Wer sich selbst als Fachmann auf seinem Gebiet bezeichnet, für den muß Qualität stets an erster Stelle stehen	O	O

➡ Kategorie 9: Sind Sie mit der Qualität Ihrer Arbeit zufrieden?

	ja	nein
9. Ich halte mich an die bewährten Grundsätze »Blinder Eifer schadet nur« und »Sicherheit geht vor«	O	O
10. Es ist mir ein Anliegen, eine Sache gut zu machen, auch wenn niemand davon Notiz nimmt	O	O

Auswertung:

Je mehr »Ja«-Antworten Sie gewählt haben, desto aufgeschlossener sind Sie für Qualitätsarbeit. Wenn Sie fünfmal oder öfter mit »Nein« geantwortet haben, so könnte das für Sie ein Ansporn sein, die Qualität Ihrer Arbeit zu steigern.

➡ Kategorie 9: Sind Sie mit der Qualität Ihrer Arbeit zufrieden?

1.9.3 Fallstudie

Fallstudie Nr. 13

Viktor ist intellektuell durchaus in der Lage, sich mit mehreren Dingen gleichzeitig zu beschäftigen und dabei noch überdurchschnittlich gut zu arbeiten. Gelegentlich überschätzt er sich aber, sodaß unter anderem auch die Qualität seiner Leistungen leidet. Versetzen Sie sich nun bitte in die Lage von Viktors Vorgesetztem, der ihn gerne zu seinem Nachfolger aufbauen möchte. Viktor hat zweifellos hervorragende Führungsqualitäten. Die einzige wichtige Eigenschaft, die Sie als Viktors Vorgesetzter beanstanden, ist seine Angewohnheit, es mit der Qualität nicht immer ganz so genau zu nehmen.

Sie entwickeln drei verschiedene Strategien, um Viktor davon zu überzeugen, daß er für die Firma ein wertvollerer Mitarbeiter wäre – und höhere Chancen auf eine Beförderung hätte – wenn er sich nur etwas mehr auf die Qualität seiner Leistungen konzentrierte.

Ihre Strategien sind folgende:

Strategie 1:

Sie denken sich eine kleine Begebenheit aus, wo ein Angestellter dank der hohen Qualität seiner Arbeit mehreren Kollegen vorgezogen wird und ins Topmanagement aufsteigen kann. Sprechen Sie mit Viktor über diesen Mann.

Strategie 2:

Sie erklären Viktor, warum Ihrem Firmenchef die größtmögliche Perfektion am Arbeitsplatz ein ernstes Anliegen ist, indem Sie ihm dessen Leitspruch nahebringen: *»Spitzenleistungen sind für uns selbstverständlich.«*

Strategie 3:

Sie schildern Viktor ein peinliches persönliches Erlebnis (als Sie einmal die Qualität Ihrer Arbeit vernachlässigten, unterlief Ihnen prompt ein gravierender Fehler).

➡ Kategorie 9: Sind Sie mit der Qualität Ihrer Arbeit zufrieden?

Welche Strategie würden Sie wählen, um Viktor zu überzeugen? Warum würden Sie gerade diese Strategie wählen?

_____

_____

_____

_____

Bitte vergleichen Sie Ihre Entscheidung mit jener des Autors auf Seite 94 bis 98.

1.9.4 Qualitätsarbeit: Skala zur Selbsteinschätzung

Nun, wo Sie bereits Ihre Meinung zum Thema »Qualitätsstandards am Arbeitsplatz« formuliert haben, bewerten Sie bitte Ihre momentanen Leistungen am Arbeitsplatz im Hinblick auf ihre Qualität. Bitte machen Sie sich dabei folgendes bewußt:

- Eine Einstufung auf »10« bedeutet höchste Perfektion der Arbeitsleistung; etwas, das in den meisten Berufen wohl nie erreicht werden kann.

- Eine Einstufung auf »1« heißt, daß Ihnen die Qualität Ihrer Arbeit völlig egal ist. Sich irgendwie durchzuschlagen, ohne daß man Ihnen auf die Schliche kommt, ist Ihr vorrangigstes Ziel.

- Eine Reihung auf »5« bedeutet, daß die Qualität Ihrer Arbeit durchschnittlich ist (im Vergleich mit anderen Leuten, die *in Ihrer Firma ähnliche Aufgaben wie Sie selbst* erledigen).

➡ Kategorie 9: Sind Sie mit der Qualität Ihrer Arbeit zufrieden?

Bitte bleiben Sie bei der Bewertung so ehrlich und objektiv als möglich. Kreisen Sie jene Zahl ein, die Ihrer derzeitigen Leistung entspricht, und nicht jene, die Sie in Zukunft zu erbringen hoffen.

Skala zur Persönlichkeits-Bestandsaufnahme: »Qualitätsarbeit erbringen«

| niedrig | hoch |

1   2   3   4   5   6   7   8   9   10

Kategorie 10: Haben Sie Berufs- und Privatleben gleichermaßen im Griff?

1.10.1 Management ist alles

Laut Dr. Paul M. Timm, dem Autor von »*Successful Self-Management*«, läßt sich der Begriff »Selbstmanagement« folgendermaßen definieren:

Darunter versteht man einen *Entwicklungsprozeß*, in dem die zur Verfügung stehende Zeit und die eigenen *Talente* bestmöglich genutzt werden, um *Ziele* anzustreben, *die es wert sind* und gleichzeitig ermöglichen, die richtige *Balance im Leben* zu finden.

Achten Sie bitte auf die Schlüsselworte:

Entwicklungsprozeß:
Selbstmanagement ist ein fortlaufender Prozeß. Es handelt sich nicht um eine einmalige oder gelegentliche Handlung. Indem wir konkrete Methoden und Verhaltensweisen in unseren Alltag integrieren, können wir unseren eigenen Entwicklungsprozeß forcieren.

Zeit und Talente:
Unsere ureigenen Ressourcen, die nur wir persönlich sinnvoll einsetzen können. Kurz gesagt: Unserer Zeit und unseren Talenten verdanken wir es, daß wir Arbeit leisten können, eine Abteilung führen, Geldgeschäfte abwickeln ...

Ziele, die es wert sind:
Dies sind die Resultate unserer Bemühungen – das, was wir zu erreichen beabsichtigen. Die Belohnung für unsere Bemühungen! Sollen Ziele wirklich erstrebenswert sein, so muß ihnen ein vernünftiges Wertesystem zugrunde liegen.

Die richtige Balance im Leben:
Eine der größten Herausforderungen, die im Leben an uns gestellt werden, ist es, unseren Berufsalltag so zu gestalten, daß wir genug Zeit finden, unser Privatleben und unsere Freizeit zu genießen. Mit anderen Worten: wer sich die Zeit richtig einzuteilen weiß, findet mehr Erfüllung im Leben.

Zusammenfassend läßt sich sagen, daß Selbstmanagement mehr bedeutet, als seine Zeit bestmöglich zu nutzen. Es gilt, seine Talente optimal einzusetzen, indem man sich Tages-, Wochen- und Monatsziele wählt. Auch längerfristige Ziele können mit Hilfe verschiedener Selbstmanagement-Methoden problemlos erreicht werden.

➡ Kategorie 10: Haben Sie Berufs- und Privatleben gleichermaßen im Griff?

1.10.2 Das Um und Auf von Zeitplanung und Aufgabenmanagement

Das wichtigste Prinzip des erfolgreichen Zeitmanagements ist ein vernünftiger Planungsprozeß, der sich auf Notizbuch, Kalender oder Zeitplaner stützt, um die anfallenden Dinge schriftlich festzuhalten.

Wieviel Zeit sollten Sie für Ihre Tagesplanung opfern? Dies wird wohl von Person zu Person verschieden sein; wir empfehlen, täglich mindestens 10 bis 15 ungestörte Minuten zur Planung zu verwenden. Halten Sie sich an die im folgenden angeführten Schritte, dann werden Sie bald ein signifikantes Ansteigen Ihrer persönlichen Effektivität beobachten können.*

Wie könnte effektive Tagesplanung aussehen?

1. Erstellen Sie für jeden Tag eine Prioritätenliste.

Wenn wir unsere Aufgaben der Priorität nach ordnen, so wissen wir, welche wir zuerst in Angriff nehmen müssen und welche wir auf später verschieben können.

2. Ordnen Sie jedem Punkt Ihrer Liste einen Buchstaben zu.

Verwenden Sie A, B, C oder ✱ (Stern), und kennzeichnen Sie alle *Muß*-Aufgaben mit *A*. Diese Aufgaben sind entscheidend für Sie. Nur Sie allein können bestimmen, ob eine Aufgabe große Bedeutung für Sie hat. Es ist eine Frage Ihrer Ziele und Wertvorstellungen. Aufgaben, die mit Dringlichkeit von außen (Vorgesetzter) an Sie herangetragen werden, sowie starke innere Verpflichtungen sind normalerweise »*A*«-Aufgaben.
Der Buchstabe *B* kennzeichnet *Soll*-Aufgaben. Es handelt sich dabei um Dinge, die getan werden sollen; um Aufgaben, die eine Zeitinvestition rechtfertigen. Sie haben zwar nicht so eine entscheidende Bedeutung wie die *A*'s, nichtsdestoweniger sind sie wichtig.
Der Buchstabe *C* ist für *Kann*-Aufgaben reserviert. Diese Punkte verdienen es, in die Liste aufgenommen und in Erwägung gezogen zu werden. Und wenn alle *A*'s und *B*'s erledigt sind, können auch die *C*'s in Angriff genommen werden.
Ein Stern ✱ zeigt an, daß ein Punkt *dringend* ist – daß er jetzt gleich erledigt werden muß. Diese Aufgaben sind sowohl wichtig als auch zeitkritisch. Mit ihnen müssen Sie sich umgehend befassen. Gelegentlich ergibt sich eine »✱«-Aufgabe ganz unerwartet während Ihrer Arbeitszeit. Nehmen Sie diesen neuen Punkt gleich in Ihre Liste auf, kennzeichnen Sie ihn mit ✱, und legen Sie alles andere beiseite (auch wenn es sich um *A*-Aufgaben handelt), bis dieser Punkt erledigt ist.

---

* Diese Schritte wurden vom persönlichen Zeitplanersystem »Plan-It!« adaptiert.

Kategorie 10: Haben Sie Berufs- und Privatleben gleichermaßen im Griff?

3. Numerieren Sie Ihre Aufgaben.

Ihr »Angriffsplan« wird treffsicherer, wenn Sie jeder Aufgabe eine Nummer zuteilen.
Ordnen Sie Ihre Aufgaben mit Hilfe von Nummern in chronologischer Reihenfolge. Fragen Sie sich, welche Aufgabe Sie vernünftigerweise zuerst in Angriff nehmen sollten. Wenn Sie um 14 Uhr ein Meeting zu besuchen haben, das für Sie »A«-Priorität hat, so muß es nicht unbedingt auch die Zahl 1 *(A1)* erhalten; Sie haben schließlich bis 14 Uhr nachmittags noch andere Dinge zu tun. Wie das Prioritätensystem muß auch Ihr Ordnungsprinzip letztlich auf Ihre persönlichen Bedürfnisse zugeschnitten sein. Ein Nummernsystem wird aber in jedem Fall eine große Hilfe im Hinblick auf die Effizienz Ihres Vorgehens sein.

1.10.3 Fallstudien

Fallstudie Nr. 14

Rita pflegt abends ihren Arbeitsplatz zu verlassen, ohne für den nächsten Tag vorgeplant zu haben. Ihre Intention ist es, so schnell wie möglich alle Verpflichtungen abzuschütteln, um im privaten Bereich ganz nach ihren eigenen Vorstellungen leben zu können. Auf Kritik an dieser Vorgangsweise reagiert Rita mit der Behauptung, sie sei am Ende ihres Arbeitstages stets so erschöpft, daß jegliches Vorplanen sehr ineffektiv wäre. Sobald Rita jedoch morgens im Zug sitzt und zur Arbeit pendelt, überlegt sie, was sie sich für den vor ihr liegenden Arbeitstag vornehmen muß. Oft nimmt sie auch einen Taschenkalender zur Hand, um Ordnung in ihre Gedanken zu bringen.

Ralph ist stets der letzte, der die Firma verläßt – und zwar üblicherweise ca. eine halbe Stunde nach dem letzten Angestellten seiner Abteilung. Ralph ist ein Mensch, dem gute Organisation über alles geht. So erledigt er abends zuerst die vielen Kleinigkeiten, die tagsüber noch nicht bearbeitet werden konnten. Anschließend ordnet er die Aufgaben für den nächsten Tag nach Prioritäten und notiert sie im Terminkalender. Ralph behauptet, diese Methode helfe ihm dabei, sich von allen beruflichen Sorgen und Problemen zu lösen und den Feierabend richtig zu genießen. Ralph verschwendet keinen einzigen Gedanken an die Firma, bis er am nächsten Morgen wieder pünktlich an seinem Schreibtisch erscheint.

▸ Kategorie 10: Haben Sie Berufs- und Privatleben gleichermaßen im Griff?

Welche Vorgangsweise sagt Ihnen persönlich besser zu? Bietet Ihr eigenes Planungssystem mehr Vorteile als die eben gezeigten Methoden?

_____

_____

_____

_____

_____

Bitte vergleichen Sie Ihre Meinung mit jener des Autors auf Seite 94 bis 98.

Fallstudie Nr. 15

Marlene ist alleinerziehende Mutter, in einer großen Firma als Abteilungsleiterin beschäftigt und wegen ihres effizienten Arbeitsstils allseits anerkannt. Im Lauf der Jahre hat Marlene verschiedene Selbstmanagement-Methoden kennengelernt, die sie im Berufsleben erfolgreich anwendet. Stets ihren Zeitplaner zur Hand, nützt sie ihre Arbeitszeit bestmöglich und verzeichnet mit ihrer Abteilung gute Erfolge im Hinblick auf Produktivität und Qualität.

In Marlenes Privatleben liegen die Dinge ganz anders. Aus unerfindlichen Gründen weigert sie sich, ihr Privatleben gleichermaßen zu »organisieren«. Mit dem Ergebnis, daß ihre Wohnung das reinste Chaos ist und sie zu Freunden niemals sagen kann: »Schaut doch einfach einmal vorbei!« Mit ihrem Auto hat Marlene ständig Schwierigkeiten, weil sie seine Pflege und Wartung vernachlässigt. Auch ihr äußeres Erscheinungsbild läßt in Ermangelung gepflegter Kleidung oft zu wünschen übrig. Das größte Manko ist aber vermutlich, daß Marlene sich ungesund ernährt und deutlich übergewichtig ist.

Eine gute Freundin von Marlene, Sylvia, meinte kürzlich zu ihr, daß sie einen großen Fehler begehe, indem sie ihre Selbstmanagement-Methoden nicht auch im Privatleben anwende. Marlene erwiderte: »Weißt du, Sylvia, tief in meinem Inneren hasse ich es, so ein ordentlicher, korrekter Mensch zu sein. Irgendwie verliere ich dadurch meinen Sinn für Spaß und meine Kreativität. Ich zwinge mich zwar am Arbeitsplatz zu korrektem Verhalten, da ich sonst meine leitende Position niemals halten könnte. Ist mein Arbeitstag jedoch vorüber, so brauche ich jene Art von Entspannung, die nur durch völlige Planlosigkeit möglich ist. Ich glaube, für mich ist das ein Mittel, die richtige Balance im Leben und einen klaren Kopf zu haben.«

➡ *Kategorie 10: Haben Sie Berufs- und Privatleben gleichermaßen im Griff?*

Sind Sie einer Meinung mit Marlene? Wenn Sie Sylvia wären: Welches Argument würden Sie vorbringen, um sie von der Tatsache zu überzeugen, daß gutes Selbstmanagement auch im Privatleben einen großen Vorteil darstellt?

_____

_____

_____

_____

Bitte blättern sie zu Seite 94 bis 98, um Ihre Meinung mit jener des Autors zu vergleichen.

1.10.4 Bewertung Ihrer Selbstmanagement-Methoden

Manche Leute organisieren ihr Leben auf ruhige, effiziente, systematische und konsequente Weise. Sie erreichen dadurch ihre beruflichen und persönlichen Ziele. Diese Menschen sind stolz auf ihr geordnetes Umfeld und genießen eine organisierte Vorgangsweise. Sie sollten sich bei der Zahl 8 oder höher einstufen.

Andere Leute scheinen ihr Leben ganz gut zu managen, tun es jedoch eher widerwillig und ohne echte Konsequenz. Sie organisieren ihr Leben und fühlen sich gleichzeitig unwohl dabei. Sie sollten sich zwischen 4 und 7 einstufen.

Und schließlich gibt es auch Menschen, die ihr Leben stark durch andere Personen und ihre Umgebung beeinflussen lassen. Die jeweiligen Umstände entscheiden über ihr Verhalten. Ihre beruflichen Aktivitäten sowie ihr Privatleben sind ein wirres Durcheinander. Die Folge davon heißt im besten Fall berufliches Stagnieren. Wer sich davon betroffen fühlt, der sollte sich bei 4 oder darunter einreihen.

Skala zur Persönlichkeits-Bestandsaufnahme: »Selbstmanagement«	
niedrig	hoch

1   2   3   4   5   6   7   8   9   10

Kategorie 11: Schöpfen Sie Ihr Kreativitätspotential voll aus?

1.11.1 Jeder von uns hat ein kreatives Potential

Vielleicht wundert es Sie, daß »Kreativität« eine der zwölf Kategorien zur Persönlichkeitsentwicklung ist. Viele Leute vertreten nämlich die Ansicht, daß Kreativität auf einige wenige künstlerisch begabte Menschen beschränkt ist, die in größerem Maße zu kreativen Gedankengängen fähig sind als der breite Durchschnitt. Das stimmt aber nicht. Jeder von uns hat das Potential, auf seine persönliche Art kreativ zu sein.

Als »kreative Leistung am Arbeitsplatz« kann jeder Gedanke angesehen werden, der sich als Vorschlag zur Produktionssteigerung erweist. Oft sind die einfachsten Ideen die besten. Wenn man eine Tätigkeit nur leicht abändert, kann man vielleicht den Papierverbrauch einschränken oder die Arbeitsmoral steigern. Ein leichtes Umgruppieren der Büroeinrichtung kann die Effektivität der Angestellten bereits beträchtlich steigern. Natürlich kann Kreativität sich auch in komplexeren Vorschlägen manifestieren, die beispielsweise auf eine Qualitätssteigerung, eine Verbesserung im Kundenservice und gleichzeitig auf das Lösen größerer Probleme hinauslaufen. Wichtig ist jedenfalls die Einsicht, daß kreatives Denken nicht auf einige wenige Auserwählte oder auf höchst seltene »Sternstunden« beschränkt ist.

Es ist leicht nachvollziehbar, daß Kreativität für die Mitarbeiter einer Werbeagentur eine wichtige Eigenschaft darstellt. Kreatives Denken kann jedoch bei einem Transportunternehmen oder einem Bürojob genauso wichtig sein.

Vielleicht behaupten Sie nun, Ihr eigener Berufsalltag verlange keinerlei Kreativität, weil er in erster Linie Routineaufgaben umfaßt. Sehen Sie sich die Sache bitte noch einmal genauer an. Vielleicht versäumen Sie ausgezeichnete Gelegenheiten, phantasievolle Ideen beizusteuern und gleichzeitig Ihre Aufstiegschancen beträchtlich zu steigern.

In der Vergangenheit haben manche Betriebe Prämien oder ähnliche Belohnungen ausgesetzt, um ihre Mitarbeiter zu guten Vorschlägen anzuregen. Oder sie haben überall in der Firma sogenannte »Ideen-Briefkästchen« ausgehängt. Ein ganz guter Vorschlag wäre vielleicht auch das Verteilen von »Kreativitäts-Kuverts« zusammen mit dem Lohnzettel, um anzudeuten, daß für gute Ideen besondere Anerkennung und Belohnung möglich ist. Alle diese Vorschläge sind ein Beweis dafür, daß kreatives Denken durchaus produktiv sein kann.

▣▶ **Kategorie 11: Schöpfen Sie Ihr Kreativitätspotential voll aus?**

1.11.2 Fallstudie

Fallstudie Nr. 16

Schon während seiner Studienzeit wurde Erwin von seinen Freunden spaßhalber »unser Ideen-Automat« genannt. Manche seiner Vorschläge waren zwar mehr als absurd, andere aber hatten durchaus Realitätsbezug und erwiesen sich oft als äußerst praktisch. Erwins Freunde waren überzeugt, daß er früher oder später als Filmregisseur oder in einer ähnlich kreativen Berufssparte Erfolg haben würde.

Als Erwin seine erste Arbeitsstelle in einem Marketingbüro antrat, dauerte es drei Monate, bis er richtig Fuß gefaßt hatte. Dann begann er, Woche für Woche verschiedene Marketingstrategien zu entwerfen. Seine Ideen bezogen sich einmal auf neuartige Produktverpackungen, ein andermal auf besondere Verkaufsanreize oder auf Werbeeinschaltungen in den verschiedensten Medien. Erwin unterbreitete alle Vorschläge mündlich seiner Vorgesetzten, Frau Neuhofer. Als er aber zwei Monate später noch immer auf eine Reaktion von Frau Neuhofer wartete, bat er sie um ein Gespräch. Auf seine Frage, warum seine Ideen bisher gänzlich unbeachtet geblieben waren, erhielt er die Antwort: »Sobald ich zum erstenmal eine Idee von Ihnen erhalte, die eine gewisse Ausgereiftheit zeigt, werde ich sie unterstützen.«

Weitere zwei Monate und weitere sechs unbeantwortete Vorschläge später entschloß sich Erwin zu einer neuen Strategie. Anstatt seine Ideen wie bisher mündlich vorzubringen, wählte er nun eine besonders kreative Art (künstlerische Aufmachung ...), um sie Frau Neuhofer und deren Vorgesetzten zu präsentieren. In Erwins Augen würde diese Art der Präsentation künftig seine kreative Ader unterstreichen und dadurch seinen Vorschlägen zur gewünschten Beachtung verhelfen.

Was halten Sie persönlich von Erwins Strategie?

_____

_____

_____

_____

Bitte vergleichen Sie Ihre Antwort mit jener des Autors auf Seite 94 bis 98.

➡ Kategorie 11: Schöpfen Sie Ihr Kreativitätspotential voll aus?

1.11.3 Bewertung Ihrer eigenen Kreativität

Sie sind nun aufgefordert, so gut als möglich zu beurteilen, inwieweit Sie im vergangenen Jahr Ihre Kreativität zum Einsatz brachten und gute Ideen lieferten. Dabei können Ihnen die folgenden Fragen eine Hilfe sein.

- Haben Sie Ihr eigenes Kreativitätspotential unterschätzt und in der Folge weniger kreative Vorschläge eingebracht, als Sie eigentlich einbringen hätten können?

- Wirkt sich der Mangel an kreativen Vorschlägen hinderlich auf Ihre beruflichen Aufstiegschancen aus?

- Kam es vor, daß Sie Ideen hatten, die unter Umständen die Produktivität steigern hätten können – und Sie sie dennoch nicht vorbrachten?

- Hatten Sie in letzter Zeit kreative Ideen, die Sie für sich behielten?

- Könnte es sein, daß Ihr derzeitiger Job bei näherer Betrachtung mehr Gelegenheiten bietet, Ihre kreativen Kräfte ins Spiel zu bringen, als Sie bisher angenommen hatten?

Wenn Sie es bisher gewohnt waren, Ihr Leben auch ohne den Einsatz Ihrer persönlichen Kreativität zu meistern, so sollten Sie sich mit »5« oder darunter einstufen. Haben Sie sich hingegen Ihre kreativen Kräfte zunutze gemacht, um sich die Arbeit zu erleichtern oder die Produktivität Ihrer Abteilung zu steigern, so dürfen Sie sich höher einstufen. Bemühen Sie sich aktiv darum, Ihre kreativen Ideen zur Erleichterung Ihrer täglichen Arbeit einzusetzen bzw. Vorteile für Ihre ganze Abteilung zu erreichen; und war Ihre Kreativität vielleicht sogar ein Gewinn auf Firmenebene, so verdienen Sie die Zahl »9« oder »10«.

Skala zur Persönlichkeits-Bestandsaufnahme: »Kreativität«
niedrig   hoch
1   2   3   4   5   6   7   8   9   10

Kategorie 12: Zeitvergeudung – können Sie diese ungute Gewohnheit ablegen?

1.12.1 Sind Sie ein Zeitvergeuder?*

Millionen von Menschen, die eigentlich die allerbesten Absichten haben, pflegen wichtige Dinge auf später zu verschieben, obwohl sie genau wissen, daß sie baldigst getan werden sollten. Falls Sie sich mit allen folgenden Aussagen identifizieren können (bitte antworten Sie in Ihrem eigenen Sinne so aufrichtig wie möglich), müssen auch Sie sich zu ihnen bekennen.

                                                                                         ja   nein

1. Ich weiß, wer ich bin und was ich kann ... aber ich bin eigentlich nicht zufrieden damit _____ O _ O

2. Ich bin frustriert, weil ich nicht alles das tun kann, was ich gerne tun möchte _____ O _ O

3. Ich schiebe einen wichtigen Punkt schon lange hinaus, und das erzeugt ein ungutes Gefühl in mir. (Hierbei kann es sich um die verschiedensten Dinge handeln: eine Gehaltserhöhung zu verlangen, einen Bericht fertigzustellen, einen Prospekt anzufordern, die Stellung zu wechseln, für eine Prüfung zu lernen ...) _____ O _ O

   Bitte setzen Sie Ihre persönlichen Vorhaben hier ein:

   Meine Aufgabe:

   _____

   _____

4. Diese Aufgabe ist deshalb wichtig, weil im Falle ihrer Nichterfüllung das Folgende eintreten wird:

   Konsequenzen: _____

---
* Das Material in diesem Abschnitt stammt aus dem Buch »Stop Procrastinating« von Dr. James R. Sherman.

⇒ **Kategorie 12: Zeitvergeudung – können Sie diese ungute Gewohnheit ...**

                                                                        ja   nein

5. Meine Aufgabe ist zeitlich genau begrenzt: Beginn, Ende und konkretes Ergebnis (z. B. ein Geschäft abschließen, eine Gehaltserhöhung erreichen, ein Schriftstück fertigstellen)

   Beginn: _____

   Ende: _____

   Konkretes Ergebnis: _____

6. Meine Aufgabe hat ein konkretes Erledigungsdatum (Tag, Monat, Stunde oder Jahr), und ich hoffe, daß ich diesen Termin einhalten kann. Ich weiß nur zu gut, wie lange ich Zeit habe und wann es zu spät ist.

   Erledigungsdatum: _____

7. Ich gehe absichtlich einer anderen Beschäftigung nach, um meiner Aufgabe auszuweichen (ich esse, trinke, schlafe, stelle mich tot, spiele Tennis oder erledige tausend andere Kleinigkeiten).

   Fügen Sie Ihre eigene Taktik an:

   Meine persönliche Verzögerungstaktik:

   _____

   _____

8. Ich weiß tief in meinem Inneren, daß ich diese konkrete Aufgabe wirklich erledigen sollte, und fühle mich schuldig, weil ich es nicht tue _____ O – O

⇒ *Kategorie 12: Zeitvergeudung – können Sie diese ungute Gewohnheit ...*

1.12.2 Übung: Die Hauptursachen für das ewige Aufschieben

Die im folgenden angeführten Punkte sind nicht nach ihren Auswirkungen oder ihrer Wichtigkeit geordnet. Bitte kreuzen Sie jene an, die Sie im Rahmen Ihrer Verzögerungstaktik einsetzen.

Verwirrung _____ ○

Fehlen von Prioritäten _____ ○

Fehlende Verantwortung _____ ○

Mangelnde Risikofreude _____ ○

Ausweichtaktik bei unangenehmen Aufgaben _____ ○

Angst oder Depression _____ ○

Besessenheit/Zwanghaftes Verhalten _____ ○

Monotonie oder Langeweile _____ ○

Müdigkeit _____ ○

Ablenkungen von außen _____ ○

Mangelnde analytische Fähigkeiten _____ ○

Vergeßlichkeit _____ ○

Abhängigkeit von anderen _____ ○

Manipulation seitens anderer _____ ○

Körperliche Beeinträchtigungen _____ ○

weitere persönliche Gründe: _____ _____ ○

_____ _____ ○

_____ _____ ○

Bewerten Sie sich selbst – in 12 Kategorien

➟ *Kategorie 12: Zeitvergeudung – können Sie diese ungute Gewohnheit ...*

1.12.3 Wie Sie Ihre Gewohnheit, alles aufzuschieben, endgültig ablegen können

Sind Sie verärgert oder frustriert? Kommt es immer wieder vor, daß Sie Ihre Ziele und Vorhaben durch absichtliches Verzögern und Aufschieben nicht erreichen? Wenn das der Fall ist, so gibt es eine einfache Methode, wie Sie Ihre Gewohnheit ablegen und künftig ganz auf Erfolgskurs unterwegs sein können.

Wenn Sie die folgenden vier Schritte nachvollziehen, können Sie der Zeitverschwendung ein für allemal ein Ende setzen:

1. Machen Sie sich wirklich bewußt, daß Sie Zeit vergeuden. Und fassen Sie den Entschluß, dies in Zukunft nicht mehr zu tun.

> Ich habe in der Vergangenheit meine Zeit vergeudet, aber ich bin fest entschlossen, es künftig nicht mehr zu tun.
>
> Unterschrift: _____
>
> Datum: _____

2. Versuchen Sie, die Winkelzüge Ihrer Verzögerungstaktik so weit als möglich zu erforschen und zu durchschauen.

    - Erkennen Sie, was Zeitvergeudung eigentlich ist.

    - Finden Sie heraus, warum Sie persönlich Zeit vergeuden.

    - Überlegen Sie, wie Sie mit dieser Gewohnheit brechen können.

3. Erstellen Sie eine Liste konkreter Punkte, die Ihnen helfen können, die ungute Angewohnheit des Zeitvergeudens zu überwinden.

    Als erstes werde ich ...

    _____

    _____

➡ *Kategorie 12: Zeitvergeudung – können Sie diese ungute Gewohnheit ...*

Dann werde ich ...

_____

_____

Schließlich werde ich noch ...

_____

_____

4. Setzen Sie Ihren Plan in die Realität um.

> ◆ *»Versuche es nicht«, sagte Yoda, der Meister der Jedis.*
> *»Tu es. Oder tu es nicht. Es gibt kein ›Versuchen‹.«*
>
> *»The Empire Strikes Back«*
> *George Lucas*

Entschließen Sie sich, keine Zeit mehr zu vergeuden – und setzen Sie diesen Entschluß in die Praxis um. Jetzt gleich!

➠ *Kategorie 12: Zeitvergeudung – können Sie diese ungute Gewohnheit ...*

1.12.4 Fallstudie

Fallstudie Nr. 17

Thomas hat schon unzählige Seminare besucht sowie Selbsthilfebücher »verschlungen«, um an sich zu arbeiten. Jedesmal nimmt er sich fest vor, sein Leben in dieser oder jener Hinsicht zu verändern. Das Dumme daran ist nur, daß Thomas schon ein paar Tage später wieder in sein altes Verhaltensmuster zurückfällt und keine dauerhaften Verbesserungen spürbar werden.

Stellen Sie sich nun vor, Sie wären Thomas' Vorgesetzter. Sie möchten ihm ein System zur Persönlichkeitssteigerung anbieten; ein System, das ihm helfen kann, seine Verhaltensmuster auf Dauer zu seinem Vorteil zu verändern. Ihr Vorschlag klingt einfach: nach jedem Seminar, das Thomas besucht, oder nach jedem Selbsthilfebuch, das er fertiggelesen hat, soll er sich etwas Zeit nehmen, um fünf bis sieben Punkte zu notieren, die er in seinem Leben gerne verändern möchte. Es dürfen nie weniger als fünf, aber auch nie mehr als sieben Punkte sein. Weitere drei Tage später gehen Sie gemeinsam mit Thomas diese Liste nochmals durch und fragen ihn, welcher Punkt ihm nun am wichtigsten erscheint. Jener Punkt, für den Thomas sich entscheidet, wird mit einem großen roten Rufzeichen versehen.

Nun ermuntern Sie Thomas, diesen konkreten Punkt eine ganze Woche lang zum Mittelpunkt seiner Gedanken und Bestrebungen zu machen – durch besondere Konzentration, durch Gespräche, durch das Ändern einzelner Verhaltensweisen ...

Sobald Thomas überzeugt ist, eine permanente Verhaltensänderung erreicht zu haben, kann er seine Liste wieder zur Hand nehmen und einen anderen Punkt auswählen – oder aber warten, bis er bei Gelegenheit neue Anregungen findet und einen neuen Vorsatz faßt. Das Motto lautet jedenfalls: *Stets nur eine einzige wichtige Veränderung anstreben!*

Wird es Thomas gelingen, sich mit Hilfe dieses Systems zum Positiven zu verändern?

_____

_____

_____

_____

Bitte vergleichen Sie Ihre persönliche Ansicht mit jener des Autors auf Seite 94 bis 98.

➡ **Kategorie 12: Zeitvergeudung – können Sie diese ungute Gewohnheit ...**

1.12.5 Zögern Sie Ihre Bewertung nicht mehr länger hinaus ...

Sie haben nun in elf entscheidenden Kategorien Ihren Ist-Zustand im Berufsleben wie auch im privaten Bereich bewertet. Nun ist es an der Zeit, einzuschätzen, *wieviel Eigendynamik Sie üblicherweise aufbringen* oder wieviel Eigeninitiative Sie an den Tag legen. Sind Sie ein Mensch, der mit seiner Zeit bisher eher gedankenlos umzugehen pflegte, so sollten Sie sich auf der Skala weiter unten einordnen (5 oder darunter). Sind Sie jedoch kein ausgesprochener Zeitvergeuder, welche Bewertung verdienen Sie dann?

- Haben Sie das Gefühl, daß Ihre Eigeninitiative manchmal ein wenig zu wünschen übrigläßt, so kreisen Sie 5 oder 6 ein.

- Besitzen Sie zwar viel Eigendynamik, ist aber dennoch eine Steigerung in dieser Hinsicht möglich, so sollten Sie 7 oder 8 einkreisen.

- Wenn Sie so gut wie nie Zeit vergeuden und den Ruf haben, Ihre Ziele mit viel Dynamik und Durchhaltevermögen in die Realität umzusetzen, so dürfen Sie sich bei 9 oder 10 einstufen.

Bei Ihrer Bewertung sollten Sie sich bewußt machen, daß Ihr Persönlichkeitsprofil vermutlich einige Schwachpunkte aufweisen wird, die Sie aufgreifen und an denen Sie arbeiten sollten. Stufen Sie sich in der folgenden Skala bei 7 oder höher ein, so bedeutet es, daß Sie sich fest vornehmen, etwas gegen die erkannten Schwächen zu unternehmen. Sind Sie dazu bereit?

Skala zur Persönlichkeits-Bestandsaufnahme: »Initiative«	
niedrig	hoch

1 2 3 4 5 6 7 8 9 10

Teil 2:

Erstellen Sie Ihr Persönlichkeitsprofil

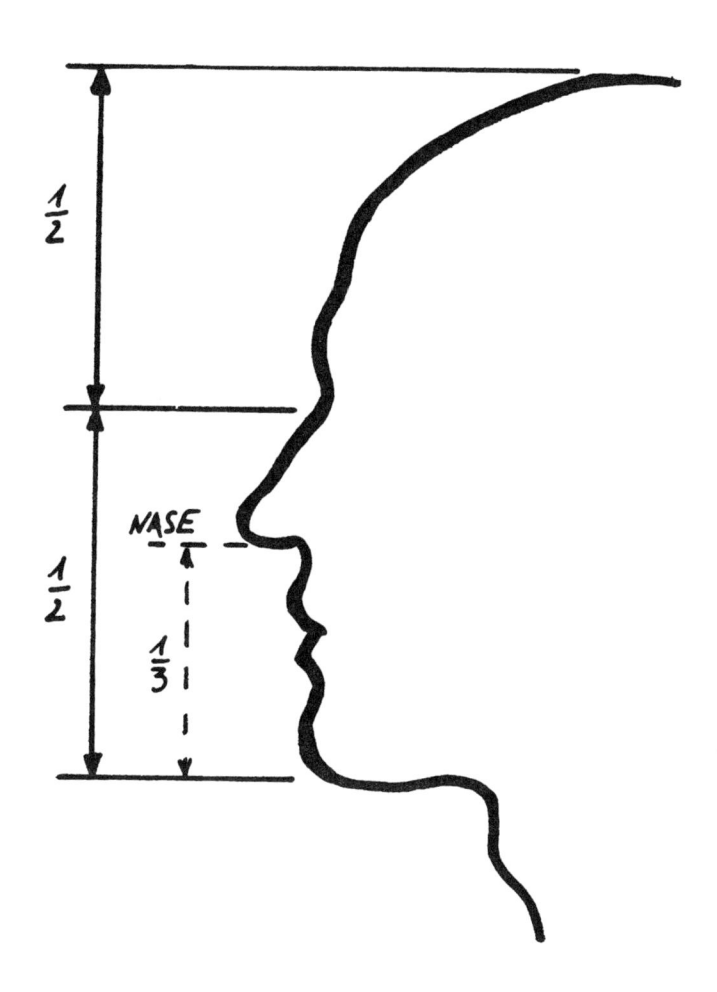

$\frac{1}{2}$

$\frac{1}{2}$

NASE

$\frac{1}{3}$

2.1 Vier wichtige Schritte: Ihre Stärken und Ihre Schwächen bildhaft darstellen

Sie haben sich nun in allen zwölf Teilbereichen bewertet, die dieses Buch zur Entfaltung Ihrer Persönlichkeit angibt. Nun können Sie darangehen, ein Persönlichkeitsprofil zu erstellen, das Ihnen zu einer besseren Perspektive hinsichtlich Ihrer Stärken und Schwächen verhelfen wird.

1.

Sehen Sie sich bitte das Persönlichkeitsprofil auf den nächsten beiden Seiten an. Es ist waagrecht in zwölf Kategorien unterteilt und links senkrecht von 1 bis 10 durchnumeriert. Unten finden Sie Kästchen mit Seitenangaben.

2.

Blättern Sie zu Ihren jeweiligen Bewertungen zurück, und übertragen Sie Ihre Werte (von 1 bis 10) in die untenstehenden Kästchen.

3.

Suchen Sie nun für alle zwölf Kategorien jeweils jene Stelle, die Ihrem Punktestand entspricht, und markieren Sie diese Stelle.

4.

Verbinden Sie alle 12 Markierungen miteinander. Schon ist Ihr Persönlichkeitsprofil fertig.

2.2 Arbeitsblatt Persönlichkeitsprofil

	Selbstachtung	Wohlbefinden	Kommunikation	Beziehungen	Sinn für Humor	Einstellung
10						
9						
8						
7						
6						
5						
4						
3						
2						
1						
Bewertung						
Seite	8	15	21	26	31	37

Erstellen Sie Ihr Persönlichkeitsprofil

➭ *Arbeitsblatt Persönlichkeitsprofil*

Selbstsicherheit	Berufliche Qualifikation	Qualitätsarbeit	Selbstmanagement	Kreativität	Praktische Umsetzung	
						hoch
						niedrig
43	50	55	61	66	69	Seite

Erstellen Sie Ihr Persönlichkeitsprofil

2.3 Fallstudien

2.3.1 Fallstudie Persönlichkeitsprofil »Daniel«

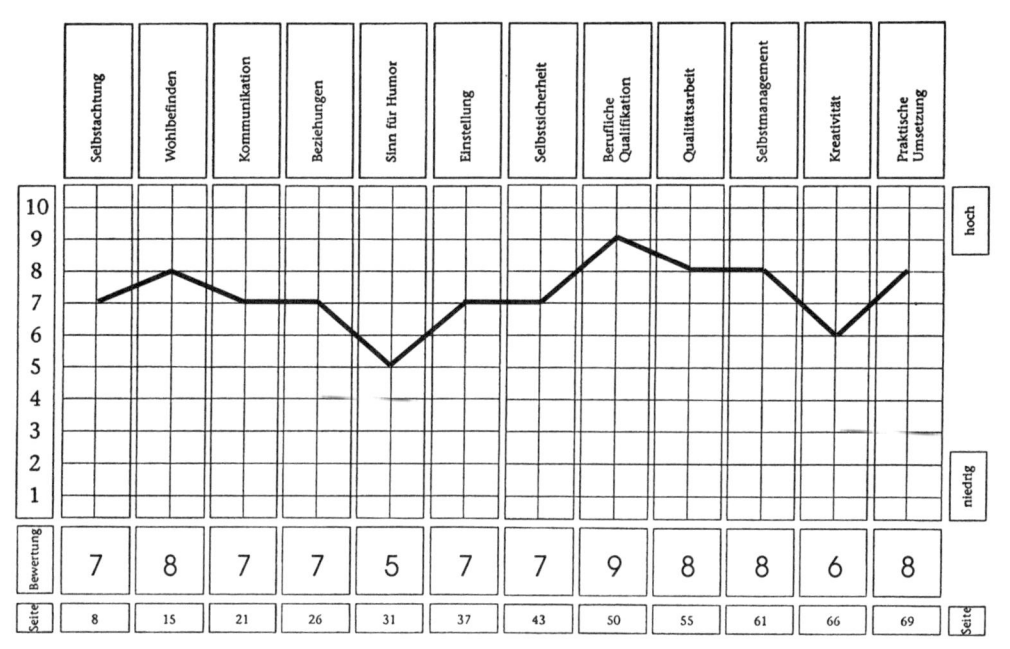

	Selbstachtung	Wohlbefinden	Kommunikation	Beziehungen	Sinn für Humor	Einstellung	Selbstsicherheit	Berufliche Qualifikation	Qualitätsarbeit	Selbstmanagement	Kreativität	Praktische Umsetzung	
Bewertung	7	8	7	7	5	7	7	9	8	8	6	8	
Seite	8	15	21	26	31	37	43	50	55	61	66	69	Seite

Interpretation

- Dieses Profil verdeutlicht, daß Daniel ein sehr gewissenhafter, produktiver und verläßlicher Mensch ist, der jedoch seine Arbeit übertrieben ernst nimmt. In der Folge sind fünf Kategorien, nämlich »Kreativität«, »Selbstwert«, »Kommunikation«, »Beziehungen« und »innere Haltung« einigermaßen beeinträchtigt.
- Daniels auffälligste Schwäche ist sein schwach ausgeprägter Sinn für Humor.
- Daniel hätte es in vielerlei Hinsicht leichter, könnte er auch an seinem Arbeitsplatz etwas Humor beweisen und mit seinen Kollegen manchmal Spaß haben: er könnte (1) bessere Beziehungen zu seinen Kollegen entwickeln, (2) einen größeren Beitrag zum Teamgeist seiner Abteilung leisten, (3) mehr Anerkennung seitens der Geschäftsleitung erhalten.
- Es ist eher unüblich, daß ein Persönlichkeitsprofil eine niedrige Wertung für »Humor«, jedoch eine hohe Wertung in der Kategorie »Einstellung« aufweist. Sinn für Humor und eine positive Einstellung stehen nämlich gewissermaßen in symbiotischem Zusammenhang – diese beiden Eigenschaften können einander verstärken. Dies mag unter Umständen ein Hinweis darauf sein, daß Daniel vielleicht mehr Sinn für Humor besitzt, als er sich selbst eingesteht.

⟹ *Fallstudien*

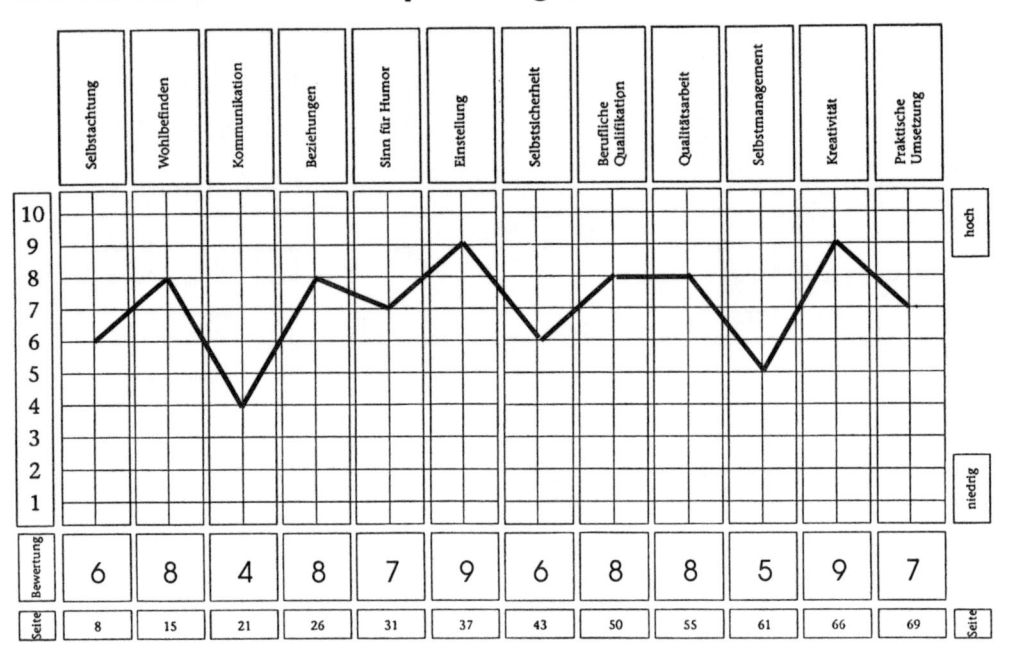

2.3.2 Fallstudie Persönlichkeitsprofil »Brigitte«

Selbstachtung	Wohlbefinden	Kommunikation	Beziehungen	Sinn für Humor	Einstellung	Selbstsicherheit	Berufliche Qualifikation	Qualitätsarbeit	Selbstmanagement	Kreativität	Praktische Umsetzung
6	8	4	8	7	9	6	8	8	5	9	7
8	15	21	26	31	37	43	50	55	61	66	69

Interpretation:

- Wenn in einem Persönlichkeitsprofil nur eine einzige Kategorie unter die Fünf-Punkte-Grenze fällt, so läßt sich mit großer Sicherheit behaupten, daß ein verstärktes Bemühen auf diesem Gebiet sich umgehend in greifbaren Fortschritten bezahlt macht.
- Bei genauerem Betrachten von Brigittes Persönlichkeitsprofil zeigt sich, daß eine Steigerung auf dem Gebiet der zwischenmenschlichen Kommunikation sich auf alle anderen Bereiche positiv auswirken würde – und ganz besonders für Brigittes Selbstwertgefühl und ihre Selbstsicherheit von Vorteil wäre. Würde Brigitte ein Seminar zum Thema zwischenmenschliche Kommunikation oder einen Rhetorikkurs besuchen, so ließe sich schon nach kurzem eine deutliche positive Veränderung an einem neuerlichen Persönlichkeitsprofil ablesen.
- Eine Steigerung in den Kategorien »Selbstwert«, »Selbstmanagement« und »Selbstsicherheit« um 1 oder 2 Punkte könnte in Brigittes Fall bereits einen deutlichen Karriere-Aufschwung bewirken.

⇢ *Fallstudien*

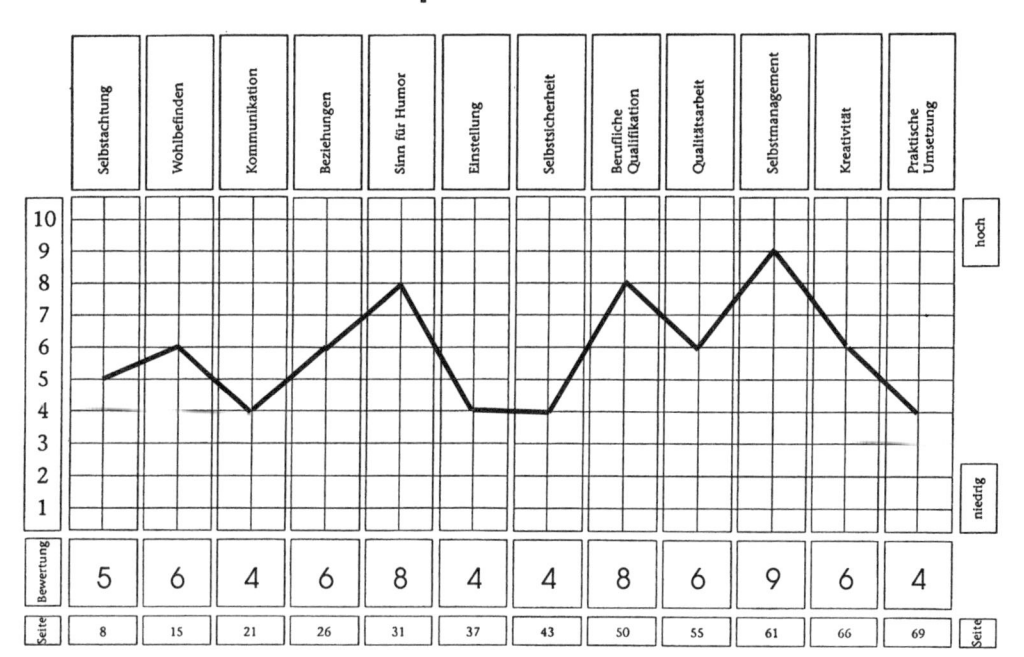

2.3.3 Fallstudie Persönlichkeitsprofil »Patricia«

Selbstachtung	Wohlbefinden	Kommunikation	Beziehungen	Sinn für Humor	Einstellung	Selbstsicherheit	Berufliche Qualifikation	Qualitätsarbeit	Selbstmanagement	Kreativität	Praktische Umsetzung
5	6	4	6	8	4	4	8	6	9	6	4
8	15	21	26	31	37	43	50	55	61	66	69

Interpretation:

- Patricias Persönlichkeitsprofil weist in zwei Kategorien 8 bzw. 9 Punkte auf, in allen übrigen hingegen nur 6 oder noch weniger – eine Verteilung, die man nur in wenigen Profilen findet. Dies könnte anzeigen, daß Patricia sich selbst zu streng bewertet hat bzw. daß es ihr eindeutig an Selbstvertrauen fehlt.
- Eine hohe Wertung in der Kategorie »Humor« neben niedrigen Wertungen in »zwischenmenschlicher Kommunikation«, »Einstellung« und »Selbstsicherheit« könnte ein Anzeichen dafür sein, daß Patricia zwar einen ausgeprägten Sinn für Humor hat, ihn ihrer Umgebung jedoch nicht vermitteln kann.
- Die Note 4 in der Kategorie »Eigeninitiative« könnte darauf hinweisen, daß Patricia sich zeitweise mit trivialen Dingen abgibt und dabei großen Herausforderungen ausweicht.
- Nach Meinung des Autors könnte Patricia die besten Fortschritte erzielen, indem Sie sich auf jene vier Kategorien konzentriert, wo ihre Wertung am niedrigsten ist. Am zielführendsten wäre es zweifellos, jeweils einem Bereich eine ganze Woche lang ihre volle Konzentration zu schenken und nach vier Wochen zu Vergleichszwecken ein neues Persönlichkeitsprofil zu erstellen.

Teil 3:

Werten Sie Ihr Persönlichkeitsprofil aus

3.1 Praktische Tips

Welche Schlüsse können Sie aus Ihrem Persönlichkeitsprofil ziehen, die eine positive Wende in Ihrem beruflichen und privaten Leben einleiten könnten? Sie haben die Chance, viele tiefgehende Einsichten zu gewinnen; vorausgesetzt, Sie sind offen und ehrlich zu sich selbst, und beachten die folgenden Ratschläge:

Tip 1:

Akzeptieren Sie die Tatsache, daß dieses Persönlichkeitsprofil *ganz allein das Ihrige* ist. Es spiegelt Ihre Persönlichkeit, Ihre Charakterzüge, Ihre Stärken und Schwächen wider. Obgleich es keine wissenschaftliche Analyse darstellt, wird es Ihnen helfen, jene Punkte zu erkennen, wo Veränderungen angezeigt wären. Je mehr Sie sich mit Ihrem Persönlichkeitsprofil befassen, desto mehr persönlichen Gewinn werden Sie daraus ziehen können.

Tip 2:

Oft mag es vorteilhaft sein, sein eigenes Persönlichkeitsprofil mit dem eines anderen Menschen zu vergleichen. Es könnte sich weiters als hilfreich erweisen, es mit einer Person Ihres Vertrauens durchzugehen, die Ihnen bei einer möglichst aussagekräftigen Auslegung helfen könnte. Um Ihnen einen Vergleich zu ermöglichen, finden Sie auf den Seiten 99/100 einen zusätzlichen Vordruck zur Erstellung eines Persönlichkeitsprofils. Sie können diesen Vordruck kopieren und an andere weitergeben. Vergleichen Sie die Wertungen anderer Leute mit Ihren eigenen, und versuchen Sie, daraus Schlüsse zu ziehen. *Bitte beachten Sie auch die Meinung des Autors (Interpretation) zu den Beispielen für Persönlichkeitsprofile.*

Tip 3:

Denken Sie stets daran, daß es kein »perfektes« Persönlichkeitsprofil gibt. Jeder von uns hat seine schwachen Seiten; der eine in dieser, der andere in jener Kategorie. Fast jeder, der ehrlich in seiner Bewertung ist, bleibt zumindest in einer Kategorie seines Persönlichkeitsprofils unter der 5-Punkte-Marke. Ist dies nicht der Fall, so könnte es auch ein Anzeichen dafür sein, daß jemand vor einer seiner Schwächen die Augen verschließt, obwohl sie für andere offensichtlich ist.

Tip 4:

Oft ergibt sich eine gewisse Ausgewogenheit zwischen schwachen und starken Bereichen. Eine Person könnte beispielsweise in drei Kategorien 9 oder 10 Punkte erreichen, gleichzeitig aber in ebensovielen Kategorien unter der 4-Punkte-Grenze bleiben. Dies ist ein gutes Zeichen, denn die Tatsache, daß ein Mensch in manchen

➠ Praktische Tips

Punkten außergewöhnlich gut abschneidet, ist eine Sicherstellung, daß er sich auch in jenen Gebieten, die er als seine Schwächen erkennt, zum Positiven verändern kann. Die wichtigste Einsicht, die man aus einem Persönlichkeitsprofil gewinnen kann, ist das Entdecken seines schwachen Punktes, an dem man umgehend zu arbeiten beginnen kann. Es ist möglich, daß jemand in 7 oder 8 Kategorien sehr gut abschneidet und nur in zwei oder drei Kategorien schwache Werte zeigt; genau diese zwei Punkte verhinderten bisher den Erfolg, zu dem jener Mensch eigentlich fähig wäre.

Tip 5:

Eine einzige Kategorie mit einer Wertung unterhalb der Zahl 4 kann die verbleibenden 11 Kategorien negativ beeinflussen. Ein Beispiel: eine niedrige Wertung in der Kategorie »Initiative« (was bedeutet, daß man kostbare Zeit vergeudet) kann die positiven Auswirkungen der anderen Bereiche verzögern oder sogar neutralisieren. Alle 12 Kategorien des Persönlichkeitsprofiles sind miteinander »vernetzt«, was bedeutet, daß eine besonders schwache Kategorie imstande ist, die Effektivität aller anderen zu zerstören.

Tip 6:

In ähnlicher Weise vermag auch eine sehr hohe Wertung in einer oder in mehreren Kategorien die Effektivität eines Menschen in anderen Bereichen zu steigern, gleichsam »mitzureißen«. Ein Beispiel: wer in den Kategorien »Einstellung« und »Sinn für Humor« hohe Werte erreicht, wird auch im Bereich »Kommunikation« besser abschneiden als im umgekehrten Fall.

Tip 7:

Man sollte sich bewußt sein, daß eine hohe Punktezahl in einer Kategorie nicht unbedingt die Schwäche in einem anderen ausgleichen kann. Beispiel: eine unzureichende Berufsausbildung (Kategorie: »Berufliche Qualifikation«) wird sich früher oder später bemerkbar machen, auch wenn jemand eine äußerst positive »Einstellung« beweist und einen ausgeprägten »Sinn für Humor« besitzt.

Tip 8:

Lassen Sie gezielt auch einige Leute Ihres Vertrauens – vor allem Vorgesetzte, Kurs- und Seminarleiter – in Ihre Ergebnisse Einblick nehmen, weil Ihnen jene unter Umständen wertvolle zusätzliche Erkenntnisse vermitteln können.

▻ Praktische Tips

Tip 9:

Erstellen Sie alle paar Monate ein neues Persönlichkeitsprofil. Wenn Sie mit dem Computer arbeiten, können Sie Ihr erstes Profil speichern und mit den späteren vergleichen. So lassen sich Ihre persönlichen Fortschritte gut nachvollziehen.

Tip 10:

Geben Sie dieses Buch und den Vordruck »Persönlichkeitsprofil« auch an Kollegen und Freunde weiter, um sie in negativen Phasen aufzumuntern. Dem einen oder anderen von ihnen könnten Sie mit einem passenden Band unserer Selbsthilfe-Serie »50-Minuten-Training-Scripts« ein gleichermaßen originelles wie hilfreiches Geschenk machen.

Tip 11:

Stellen Sie Ihre persönliche Selbsthilfe-Bibliothek zusammen. Immer mehr Menschen, die ihre beruflichen Qualifikationen wie auch ihre Persönlichkeit mit Hilfe modernster wissenschaftlicher Erkenntnisse und Methoden steigern möchten, greifen auf Selbsthilfeprogramme zurück.

Tip 12:

Zögern Sie nicht, einen Experten zu Rate zu ziehen. Die optimale Entfaltung unserer Persönlichkeit ist zwar großteils eine »Do-it-yourself«-Angelegenheit, die in vielen Fällen tatsächlich von Erfolg gekrönt ist. Das sollte jedoch nicht zu dem Trugschluß verleiten, daß man unter allen Umständen ohne fachmännische Unterstützung auskommen muß. Ganz im Gegenteil! Wenn Ihre Autobatterie leer ist, ist es zwar naheliegend, einen Versuch zu ihrer Wiederaufladung zu starten. In manchen Fällen ist es jedoch angezeigt, eine neue Lichtmaschine anzuschaffen, ein Kabel zu tauschen oder die Batterie auszuwechseln. Treten persönliche Probleme in ein akutes Stadium, so tut man gut daran, einen Experten zu Rate zu ziehen und sich unter Umständen einer Selbsthilfegruppe anzuschließen. Dies gilt besonders für Probleme im Bereich der seelischen Gesundheit.

3.2 Fortschritte in vernachlässigten Bereichen erzielen

Für einige der 12 Kategorien unseres Persönlichkeitsprofils ist im folgenden ein Selbsthilfe-Buch der »50-Minuten-Training-Script«-Reihe als Referenzmaterial angegeben. Obwohl jeder einzelne Bereich auch in manchem anderen Buch der 50-Minuten-Serie behandelt wird, ist hier nur jener Band angeführt, der dem Thema am meisten entspricht. Erkennen Sie Ihre schwachen Punkte, und bestellen Sie das passende Buch, um umgehend mit Ihrem persönlichen Selbsthilfeprogramm beginnen zu können.

Persönlichkeitsprofil-Kategorie	Buch der 50-Minuten-Serie
Selbstachtung	Developing Self Esteem: A Positive Guide To Personal Success Autor: Connie Palladino, Ph.-D.
Wohlbefinden	Personal Wellness Autor: Rick Griggs
Kommunikation	The Art of Communicating Autor: Bert Decker, Gen.-Dir., Decker Communications
Beziehungen	Winning at Human Relations Autor: Elwood N. Chapman
Sinn für Humor	Making Humor Work Autor: Terry Paulson, Ph.-D.
Einstellung	Positive Lebenseinstellung – Ihr wertvollster Besitz Autor: Elwood N. Chapman

—>

Werten Sie Ihr Persönlichkeitsprofil aus

▸ Fortschritte in vernachlässigten Bereichen erzielen

Persönlichkeitsprofil-Kategorie	Buch der 50-Minuten-Serie
Selbstsicherheit	Developing Positive Assertiveness Autor: Sam R. Lloyd, Gen.-Dir., Success Systems, Inc.
Berufliche Qualifikation	The College Experience Autor: Elwood N. Chapman
Qualitätsarbeit	Quality at Work Autor: Diane Bone & Rick Griggs
Selbstmanagement	Successful Self-Management Autor: Paul M. Timm, Ph.-D.
Kreativität	Kreativität im Geschäftsleben Autor: Carol Gorman, Ph.-D.
Initiative	Stop Procrastinating: Get To Work! Autor: James Sherman

3.3 Widmen Sie jedem Ihrer Schwachpunkte eine Woche

Als »persönliche Schwachstelle« kann eine Kategorie bezeichnet werden, deren Differenz zu Ihrer stärksten Kategorie 4 oder mehr Punkte beträgt. Dies sind Bereiche, wo Verbesserungen angezeigt sind und wo es einem leichtfällt, Fortschritte zum Positiven zu erzielen, die Ihrer Umgebung (unter anderem auch Ihrem Chef) nicht lange verborgen bleiben können. Der Hauptzweck Ihres Persönlichkeitsprofils ist es, Ihre schwachen Punkte zu entdecken.

Die Erfahrung zeigt, daß die meisten Leute ...

> ... versuchen, in mehreren Bereichen gleichzeitig Fortschritte zu erzielen, sodaß Verwirrung und Motivationsmangel ihre Bemühungen bald wieder zunichte machen.

> ... die besten Ergebnisse erzielen können, wenn sie sich jeweils eine ganze Woche lang auf einen einzigen Bereich (Humor, Selbstsicherheit ...) konzentrieren.

Wenn dieser Vorschlag Ihrer Denkweise entspricht, so können Sie den folgenden Zeitplan vervollständigen und an einer Stelle anbringen, wo Sie mehrmals täglich an Ihre Vorsätze erinnert werden. Beginnen Sie mit Ihrem schwächsten Punkt, und fahren Sie fort, bis Sie in allen schwachen Kategorien ein zufriedenstellendes Niveau erreicht haben.

Wöchentlicher Plan zur Persönlichkeitssteigerung

Woche 1:

(Kategorie) _____

Woche 2:

(Kategorie) _____

Woche 3:

(Kategorie) _____

Woche 4:

(Kategorie) _____

Teil 4:
Anhang

4.1 Ansichten und Vorschläge des Autors zu den Fallstudien

Meinung des Autors zu Fallstudie Nr. 1 (Julia):

Eine gute Möglichkeit besteht darin, sich mit Julia auf eine Stunde zusammenzusetzen und gemeinsam eine Liste von »Aktionsschritten« zu erarbeiten, die zu einem gesteigerten Selbstwertgefühl beitragen können. Diese Schritte könnten folgendermaßen aussehen:

(1) Julia ermuntern, ihr äußeres Erscheinungsbild durch eine »Investition« in neue Kleider zu verbessern;
(2) sie anregen, mehr den Kontakt zu anderen Menschen zu suchen und lebendig zu erhalten;
(3) Julia soweit bringen, daß sie sich anderen Leuten mehr öffnet und ihre Ansichten mit ihnen bespricht (hierfür wäre es gut, Julia die Kunst, die richtigen Fragen zu stellen, nahezubringen);
(4) Julia davon überzeugen, daß sie gut daran täte, sich bei ihrem Chef nach den Voraussetzungen für bessere persönliche Aufstiegschancen zu erkundigen;
(5) Julia so oft wie möglich ein Kompliment machen, um zu einem positiveren Selbstbild beizutragen;
(6) sie anspornen, einen Kurs über Rhetorik zu belegen.

Meinung des Autors zu Fallstudie Nr. 2 (Peter):

Peter hat anscheinend Angst, sich aus seinem Schneckenhaus der Korrektheit herauszuwagen. Aber gerade für ihn wäre es wichtig, mit anderen Menschen einen offenen Austausch zu pflegen, um jene Anerkennung zu erhalten, die er verdienen würde. Peter könnte einem Fitneßclub beitreten oder mit ein paar Arbeitskollegen gemeinsame Freizeitunternehmungen starten. Als Peters Freund sollten Sie ihn wirklich dazu bringen, Dinge zu unternehmen, die ihm Spaß bereiten und ihm helfen, im Umgang mit anderen mehr Lockerheit und Ungezwungenheit zu gewinnen.

Meinung des Autors zu Fallstudie Nr. 3 (Gerda):

Man sollte Gerda zu der Einsicht verhelfen, daß ein ständiges Auf und Ab ihres Körpergewichtes sich sehr negativ auf ihren allgemeinen Gesundheitszustand auswirken kann. Gerda scheint einer gewissen Regelmäßigkeit in ihren sportlichen Aktivitäten sowie in ihren Essensgewohnheiten stets auszuweichen. Wenn Gerda sich wieder einmal dank einer ihrer zweifelhaften Diäten ihrem Idealgewicht nähert, so müßte sie versuchen, vor lauter Freude über ihr Erscheinungsbild nicht gleich die

➠ Ansichten und Vorschläge des Autors zu den Fallstudien

Diät wieder zu vergessen. In Hinkunft sollte Gerda sich mehr auf eine positive Einstellung und einen regelmäßigen Lebensstil konzentrieren, als sich mit Gewichtsproblemen zu belasten. Gerda zahlt einen hohen Preis für ihren Mangel an Disziplin. Sie könnten Gerda weiters ein Gespräch mit einem Arzt ihres Vertrauens ans Herz legen.

Meinung des Autors zu Fallstudie Nr. 4 (Karl):

Je nach Reife und Belastbarkeit ihrer Beziehung könnte Susanne zwischen folgenden Vorgangsweisen wählen:

(1) Ein gutes Buch zum Thema »Sich wirklich wohl fühlen« lesen und geeignete Passagen mit Karl besprechen.
(2) Karl fragen, ob sie ihn bei einem Arztbesuch begleiten dürfe, um das Thema mit einer kompetenten Person zu erörtern.
(3) Die negativen Auswirkungen von Karls körperlicher Erschöpfung auf seine berufliche Laufbahn, auf sein Familienleben sowie auf seine längerfristigen Ziele zur Sprache bringen und diskutieren.

Meinung des Autors zu Fallstudie Nr. 5 (Konrad):

Obwohl in diesem Fall ein Teil der Schuld eindeutig Konrads Vorgesetzten trifft, war es doch Konrad selbst, der gleichsam die Kommunikationskanäle verschüttete und seine negativen Gefühle die Oberhand gewinnen ließ. Kurz gesagt, Konrad übernahm bereitwillig die Rolle des Opfers, indem er sich weigerte, irgend etwas zu tun, um die gestörte Beziehung zu seinem Vorgesetzten wiederaufzubauen oder anderswo einen Neubeginn zu wagen.

Meinung des Autors zu Fallstudie Nr. 6 (Melissa):

Melissas Vorgesetzte muß ihr klarmachen, daß ständiges Schweigen und Zurückhaltung eines Angestellten leicht zu Mißverständnissen führen kann. Offene Kommunikation ist unerläßlich für den Erfolg eines Arbeitsteams. Ein bißchen Tratsch und Spaß sind Grundvoraussetzung, damit eine Gruppe von Mitarbeitern (Krankenschwestern) ein echtes Team werden kann. Vielleicht könnte die Oberschwester versuchen, Melissa bei den regelmäßig stattfindenden Stationsgesprächen mehr einzubeziehen und ausdrücklich um ihre Meinung zu bitten. Melissa hätte so Gelegenheit, sich zu öffnen, wodurch ihre Kolleginnen sie – im Sinne einer effektiveren Zusammenarbeit – besser kennenlernen könnten.

➡ Ansichten und Vorschläge des Autors zu den Fallstudien

Meinung des Autors zu Fallstudie Nr. 7 (Karoline):

In jeder Firma findet man vermutlich ein paar Mitarbeiter, die negativ denken. In Karolines Fall erscheint die Situation verschärft. Trotzdem sollte sie dazu in der Lage sein, sich durch einen Schutzwall positiver Gedanken abzuschirmen, damit andere sie nicht auf die negative Seite bringen können. Vielleicht gelingt es ihr, gemeinsam mit andereren positiv denkenden Mitarbeitern bzw. Vorgesetzten eine Strategie zu entwickeln, die die Situation in ihrer Abteilung verbessern kann. Die meisten Menschen gewöhnen sich mit der Zeit an das Zusammensein mit negativ denkenden Kollegen oder Familienmitgliedern, ohne seelischen Schaden davonzutragen.

Meinung des Autors zu Fallstudie Nr. 8 (Beatrix):

Es ist tatsächlich möglich, daß andere für Führungspersönlichkeiten wesentliche Eigenschaften hintangestellt werden und der Sinn für Humor den Ausschlag für eine Beförderung gibt. Wenn ein Vorgesetzter es versteht, sein Team zum Lachen zu bringen, so wachsen seine Mitarbeiter enger zusammen; gute Eigenschaften der einzelnen (vor allem die Einstellung) werden positiv verstärkt und ermöglichen echte seelische Gesundheit. Es ist keine Frage, daß eine Abteilung, deren Mitarbeiter fröhlich und ausgeglichen sind, produktiver arbeitet als andere. Und das ist der Grund, warum Beatrix zur Abteilungsleiterin ernannt wurde.

Meinung des Autors zu Fallstudie Nr. 9 (Madeleine):

Für dieses Phänomen gibt es zwar keine Beweise, die Beobachtung zeigt aber, daß es definitiv möglich ist. Es liegt schließlich auf der Hand, daß eine negative Haltung in einem entscheidenden Lebensbereich sich auch auf andere Teilbereiche »negativ« und »drückend« auswirken kann. In gleicher Weise kann eine positive Haltung auf andere Bereiche übergreifen, sodaß ein Mensch sich mit der Zeit daran gewöhnt, insgesamt positiv zu denken.

Meinung des Autors zu Fallstudie Nr. 10 (Kim):

Wenn Alice versuchen möchte, Kim zu helfen, so sollte sie sehr behutsam und nur schrittweise vorgehen, damit Kim ihre natürliche Ausstrahlung und ihre gewohnte Arbeitsweise nicht verliert. Kim müßte lernen, sich mit der Zeit auf ihre eigene Art und Weise durchzusetzen. Alice könnte Kim zu einem Seminar mit dem Thema »Selbstbewußtes Auftreten« o. ä. einladen. Sie könnten versuchen, das Verhalten anderer Leute gemeinsam zu analysieren (Personen, denen es an Selbstsicherheit mangelt, Personen, die ausreichend selbstbewußt sind, sowie solche, die ein

Ansichten und Vorschläge des Autors zu den Fallstudien

aggressives Verhalten an den Tag legen), sodaß Kim für sich selbst eine Rolle erarbeiten kann, die ihr entspricht. Mit der Zeit wird Kim mehr Selbstvertrauen erlangen und die westlichen Verhaltensweisen verstehen lernen – und sie wird hinsichtlich ihrer Selbstsicherheit ihr eigenes Gleichgewicht finden können.

Meinung des Autors zu Fallstudie Nr. 11 (Veronika):

Es hört sich fast so an, als wäre Veronika ihr anfänglicher Erfolg so zu Kopf gestiegen, daß sie ihre natürliche Grenze überschritten hätte. Wenn die negative Stimmung, die Veronika ausstrahlt, schließlich mit voller Wucht auf sie selbst zurückprallt, wird dieses Erlebnis sie möglicherweise dazu veranlassen, ihr Verhalten neu zu überdenken und sich eine umsichtigere und effektivere Vorgangsweise anzugewöhnen. Einstweilen könnte ihr Vorgesetzter Veronika zu konstruktiven Gesprächen einladen, um den Unterschied zwischen selbstsicherem und aggressivem Verhalten abzuklären und Veronika zu verdeutlichen, welche Auswirkungen ihr Verhalten auf ihre Kollegen hat.

Meinung des Autors zu Fallstudie Nr. 12 (Felicia):

Nein. Felicia vergißt, daß sie gerade als Abteilungsleiterin die Verantwortung für die entsprechende Fortbildung ihrer Angestellten trägt. Das bedeutet, daß Felicia künftig in Computerfragen *besser* Bescheid wissen muß als ihre Kollegen. Natürlich kann Veronika die Verantwortung für die Weiterbildung ihrer Angestellten an jemanden delegieren, sodaß sie sich mehr auf ihre personenbezogenen Aufgaben als Abteilungsleiterin (Menschenführung, gruppendynamische Prozesse, effektive Motivation ...) konzentrieren kann. Würde sich Veronika etwas mehr Mühe darin geben, ihre EDV-Kenntnisse auszubauen und auf dem neuesten Stand zu halten, könnte sie eine hervorragende Abteilungsleiterin abgeben.

Meinung des Autors zu Fallstudie Nr. 13 (Viktor):

Wenn Sie Viktor als Freund und Berater zur Seite stehen wollen, so wäre Strategie 3 wohl die geeignetste Vorgangsweise – und auch diejenige mit der höchsten Überzeugungskraft. Viktor würde Ihre persönliche Erfahrung sicher schätzen und sich künftig mehr auf die Qualität seiner Arbeit konzentrieren, um ein ähnliches Mißgeschick zu vermeiden und um die Beziehung zu Ihnen auszubauen, an der ihm sicherlich gelegen ist. Für Ihr Gespräch wählen Sie am besten ein Mittagessen in entspannter Atmosphäre, wo es Viktor leichter fällt, Ihnen die wahren Gründe für seine Eile und Hektik beim Anstreben seiner Ziele zu nennen.

⇒ Ansichten und Vorschläge des Autors zu den Fallstudien

Meinung des Autors zu Fallstudie Nr. 14 (Ralph und Rita):

Der Autor gibt Ralphs Methode den Vorzug, und zwar deshalb, weil man den Arbeitsplatz mit einem besseren Gefühl verlassen kann, wenn der Plan für den nächsten Arbeitstag bereits erstellt ist. Vielen Leuten hilft diese Methode, sich in ihrer Freizeit besser entspannen und Streß abbauen zu können. Nichtsdestoweniger kann auch Ritas Angewohnheit für viele Menschen vorteilhaft sein.

Meinung des Autors zu Fallstudie Nr. 15 (Marlene):

Marlene liegt hier ganz eindeutig falsch. Würde sie daheim dieselben Management-Methoden anwenden wie am Arbeitsplatz, so hätte sie sicher mehr Freizeit und könnte glücklicher leben. Langfristig gesehen könnte sie Zeit und Geld sparen sowie die Qualität ihrer Freizeit steigern. Wer am Arbeitsplatz Zeit und Kraft optimal einzuteilen und einzusetzen versteht, dessen Energiepotential sollte eigentlich noch hoch genug sein, um auch sein Privatleben gut zu organisieren, um immer mehr persönliche Erfüllung zu finden.

Meinung des Autors zu Fallstudie Nr. 16 (Erwin):

Erwin begeht einen Fehler – und zwar in zweierlei Hinsicht. Erstens wäre es möglich, daß Frau Neuhofer tatsächlich noch immer auf eine wirklich überzeugende Idee von ihm wartet. Zweitens könnte es sein, daß Erwin die Qualität seiner kreativen Vorschläge überschätzt. Zusätzlich ist es gefährlich, über Frau Neuhofers Kopf hinweg zu handeln. Natürlich wäre es möglich, daß Erwins Vorgesetzte(r) auf seine schriftliche Präsentation mit Humor reagiert und ihm die gewünschte Aufmerksamkeit zuteil wird. Dennoch sollte er sich darüber im klaren sein, daß diese Vorgangsweise ein gewisses Risiko in sich birgt.

Meinung des Autors zu Fallstudie Nr. 17 (Thomas):

Es ist zu bezweifeln, daß die von Ihnen vorgeschlagene Methode Thomas zum gewünschten Erfolg verhilft. Vermutlich wäre die neue Methode nur ein Vorschlag unter vielen, die Thomas zwar anfänglich mit Euphorie betrachtet, jedoch nie in die Wirklichkeit umsetzt. Für ihn wäre es unter Umständen wichtiger, ein konkretes Ziel vor Augen zu haben (eine Ehe eingehen, ein neues Haus in schönerer Wohngegend kaufen oder einem Vorgesetzten beweisen, daß mehr in einem steckt, als er glauben möchte), anstatt eine neue Methode kennenzulernen. Die meisten Menschen brauchen ein gefühlsmäßiges Ziel, das es ihnen erleichtert, wirkliche Fortschritte zu machen – und nicht nur eine trockene theoretische Methode, die ihnen ihr Vorgehen erleichtert.

4.2 Arbeitsblatt Persönlichkeitsprofil

	Selbstachtung	Wohlbefinden	Kommunikation	Beziehungen	Sinn für Humor	Einstellung
10						
9						
8						
7						
6						
5						
4						
3						
2						
1						
Bewertung						
Seite	8	15	21	26	31	37

Anhang

➠ Arbeitsblatt Persönlichkeitsprofil

Selbstsicherheit	Berufliche Qualifikation	Qualitätsarbeit	Selbstmanagement	Kreativität	Praktische Umsetzung	
						hoch
						niedrig
43	50	55	61	66	69	Seite

100   Anhang

Folgende Titel der »New-Business-Line«-Reihe sind lieferbar:

Management

❸ Marylin Manning/Patricia Haddock
Führungstechniken für Frauen
Ein Stufenplan für den Management-Erfolg

❿ Pat Heim/Elwood N. Chapman
Führungsgrundlagen
Ein Entwicklungsprogramm für erfolgreiches Management

⑱ Kurt Hanks
Die Kunst der Motivation
Wie Manager ihren Mitarbeitern Ziele setzen und Leistungen honorieren – Ideen/Konzepte/Methoden

⑳ Rick Conlow
Spitzenleistungen im Management
Wie man Mitarbeiter dazu anspornt, ihr Bestes zu geben – 6 Schlüsselfaktoren

㉗ Lynn Tylczak
Die Produktivität der Mitarbeiter steigern
Kosten reduzieren – Produktqualität, Servicequalität und Moral erhöhen – basierend auf Wert-Management-Prinzipien

㉘ Robert B. Maddux
Team-Bildung
Gruppen zu Teams entwickeln – Leitfaden zur Steigerung der Effektivität einer Organisation

㉙ Diane Bone/Rick Griggs
Qualität am Arbeitsplatz
Leitfaden zur Entwicklung von hohen Personal-Qualitäts-Standards – Beispiele, Übungen, Checklisten

㊳ Herbert S. Kindler
Konflikte konstruktiv lösen
Produktive Teamarbeit/Streß und Spannungen abbauen/Lösungsvorschläge/Fallstudien/Checklisten

㊴ Robert B. Maddux
Erfolgreich delegieren
Schlüsselfaktoren/Analyse der persönlichen Delegationsfähigkeit/Entwicklung eines Aktionsplans/Fallstudien/Checklisten

㊹ Werner E. Bremert
Ökologisches Management
Menschliches Verhalten im Mittelpunkt betrieblicher Veränderungen

㊻ James G. Patterson
ISO 9000
Globaler Qualitätsstandard – Kosten-Nutzen-Relation – Die zwanzig Elemente – Qualitäts-Checklist

Marketing/Verkauf/PR

❶ Rebecca L. Morgan
Professionelles Verkaufen
Die Geheimnisse des erfolgreichen Verkaufs

⑪ Richard Gerson
Der Marketingplan
Stufenweise Entwicklung – Umsetzung in die Praxis – Checklisten und Formulare

⑬ William B. Martin
Exzellenter Kundenservice
Ein Leitfaden für vorzügliche Dienstleistungen – die Kunst, Kunden als Gäste zu behandeln

⑫ Elwood N. Chapman
Verkaufstraining – Einführungskurs
Psychologie des Verkaufens – Fragetechniken – Verkaufsabschluß – Telefonverkauf

㉖ *Wolfgang J. Nalepka*
Grundlagen der Werbung
Anzeigen/Flugblätter/Prospekte/Direktwerbung/Plakate/Hörfunk-Spots

⑪ *Charles Mallory*
PR-Power
PR-Kampagnen entwickeln/Medienkontakte/Interview-Tips/Checklisten für PR-Aktionen

⑬ *Mary Averill/Bud Corkin*
Netzwerk-Marketing
Die Geschäfte der 90er-Jahre

Controlling/Finanz- und Rechnungswesen

⑨ *Peter Kralicek*
Grundlagen der Finanzwirtschaft
Bilanzen/Gewinn- und Verlustrechnung/Cashflow/Kalkulationsgrundlagen/Finanzplanung/Frühwarnsysteme

㉑ *Terry Dickey*
Grundlagen der Budgetierung
Informationsgrundlagen – effiziente Planung – Techniken der Budgetierung – Prognosen und Controlling-Ergebnisse

㉙ *Roman Hofmeister*
Management by Controlling
Philosophie – Instrumente – Organisationsvoraussetzungen – Fallbeispiele

㉞ *Peter Kralicek*
Grundlagen der Kalkulation
Kosten planen und kontrollieren/Kostensenkungsprogramm/Preisuntergrenzen und Zielpreise/Methoden/Fallbeispiele

㉟ *Candace L. Mondello*
So kommen Sie schneller zu Ihrem Geld
Inkassosysteme/Kreditprogramm/Risikokontrolle

Wirtschaftsrecht

㉛ *Horst Auer (Österreich)*
Ulrich Weber (Deutschland)
Rechtsgrundlagen für GmbH-Geschäftsführer
Geschäftsführung und Vertretung – Weisungen – zivil- und strafrechtliche Haftung – Abgaben-, Sozialversicherungs-, Gewerbe- und Verwaltungsstrafrecht – Gesetzestexte, Musterverträge

Personal

⑫ *Robert B. Maddux*
Professionelle Bewerberauslese
Interviews optimal vorbereiten – Stärken- und Schwächenkatalog – die sieben unverzeihlichen Fehler – Kriterien für die richtige Entscheidung

Arbeitstechniken

❷ *Marion E. Haynes*
Konferenzen erfolgreich gestalten
Wie man Besprechungen und Konferenzen plant und führt

❹ *Sandy Pokras*
Systematische Problemlösung und Entscheidungsfindung
Der 6-Stufen-Plan zur sicheren Entscheidung

❺ *Steve Mandel*
Präsentationen erfolgreich gestalten
Bewährte Techniken zur Steigerung Ihrer Selbstsicherheit, Motivationsfähigkeit und Überzeugungskraft

❽ *Carol Kinsey Goman*
Kreativität im Geschäftsleben
Eine praktische Anleitung für kreatives Denken

⓰ *Joyce Turley*
Schnellesen im Geschäftsleben
Bewährte Techniken zur besseren Bewältigung der Informationsflut

⓱ *James R. Sherman*
Plane deine Arbeit – arbeite nach deinem Plan
Planungstypen und -modelle – die 8 Planungsstufen

㉓ *Robert B. Maddux*
Erfolgreich verhandeln
Entwicklung einer Gewinn(er)-Philosophie – 8 schwerwiegende Fehler – 6 Grundschritte zu professioneller Verhandlungstechnik

㊹ *Gabriele Cerwinka/Gabriele Schranz*
Professionelle Protokollführung
Objektiv und sachlich/logisch und übersichtlich gegliedert/klar und deutlich formuliert/mit vielen Beispielen

Folgende Titel der Reihe »50 Minuten für Ihren Erfolg« sind lieferbar:

Persönlichkeitsentwicklung

❼ *Marion E. Haynes*
Persönliches Zeitmanagement
So entkommen Sie der Zeitfalle

㉒ *Sam Horn*
Konzentration
Mit gesteigertem Aufnahme- und Erinnerungsvermögen zum Erfolg

㉕ *Sam R. Lloyd/Christine Berthelot*
Selbstgesteuerte Persönlichkeitsentwicklung
Selbsteinschätzung – Erwartungshaltungen und Lösungen – verbesserte Führungsfähigkeiten – Persönlichkeitsentwicklungsprogramm

㉖ *Elwood N. Chapman*
Positive Lebenseinstellung
Ihr wertvollster Besitz

㉚ *Michael Crisp*
12 Schritte zur persönlichen Weiterentwicklung
Selbstbewußtsein/Kommunikation/Partnerschaften/berufliche Fähigkeiten/Kreativität

㉝ *Barbara J. Braham*
Lebenssinn und persönliche Erfüllung
Die 5 Blockaden/Der Lebenszyklus/Neue Dimensionen

㊲ *Merrill F. Raber/George Dyck*
Topfit
Mentale Gesundheit/Umgang mit Streß/Sich selbst und andere verstehen

㊴ *Jeffrey E. Lickson*
Verbessern Sie Ihre persönliche Lebensqualität
Psychologische und soziale Blockaden auflösen/Stärken erkennen/Ziele setzen/Selbstbewußtsein stärken

Kommunikation

❻ *William L. Nothstine*
Andere überzeugen
Ein Leitfaden der Beeinflussungsstrategien

⓭ *Phillip Bozek*
50 Ein-Minuten-Tips für erfolgreichere Kommunikation
Techniken für effizientere Konferenzen, schriftliche Mitteilungen und Präsentationen

㉜ *Stefan Czypionka*
Umgang mit schwierigen Partnern
Erfolgreich kommunizieren mit Kunden, Mitarbeitern, Kollegen, Vorgesetzten u. a. m.

Weiterbildung

⓬ *Paul F. Röttig*
Fit für den Arbeitsmarkt
Ein praktischer Leitfaden und Ratgeber für Berufsauswahl, Einstieg und Wiedereinstieg, Sicherung des bestehenden Jobs, Strategien nach dem Job-Verlust

⓯ *Diane Berk*
Optimale Vorbereitung für Ihr Bewerbungsgespräch
So bekommen Sie Ihren Traumjob